何も咲かない冬の日は
下へ下へと根を降ろせ
やがて大きな花が咲く

植西 聰

青春新書
PLAYBOOKS

はじめに

「がんばってるつもりだけど、なかなかうまくいかない」

「大変なときにかぎって、大変なことが続けて起こる」

「どうすれば状況を変えられるのか……考えてもわからない」

……この先の日々に不安を抱いている人は少なくありません。


なかなかうまくいかないときや、先が見えないとき、人は水中でもがいているような気持ちになります。

そして、

「早く浮き上がりたい」

「水面まで、あとどのくらいあるんだろう」

ということが、心の中にどっかり居座《いすわ》るようになるのではないでしょうか。

私はこういうとき、思い出すことがあります。

これまでの人生であった〝いいこと〟や〝大変だったこと〟です。

つらつらと思い出すうちに気づくのは、うまくいっていた時期、楽しくて「もう一度あの頃に帰ってみたい」と思う時期と、「いや、あの頃は大変だった」「よく乗り越えたな」「もう一度あの頃に戻れと言われても……ちょっと勘弁してほしいな」という時期のふたつがあることです。

そしてそれは、驚くほど交互にやってきているのです。まるで、大変だった間にエネルギーが充満し、あるとき流れを変えるに至ったかのように……。


みなさんも、同じようにお感じになることがあるのではないでしょうか。


そういえば、先人も言っています。

「人生、山あり谷あり」

「禍福《かふく》はあざなえる縄《なわ》のごとし」

「朝の来ない夜はない」

「冬来たりなば春遠からじ」

……私たちは、何百年、何千年も前から、こうして谷と山、夜と朝、冬と春をそれぞれの思いで生きてきたのだと思います。


「水面まで、あとどのくらいあるんだろう」

という気持ちが居座っているとき、私たちが忘れてしまいがちなのが、先ほどふれた「交互にやってきている」ということです。

大変な時期、頑張ってもなかなかうまくいかない時期、不運な時期の後には、努力と成果がスムーズにつながる幸運な時期が待っているのです。


そして、一見ネガティブなことばかりの大変で不運な時期には意味があります。

やがてやってくる幸せの〝芽《め》〟が潜《ひそ》んでいます。

「人生のデトックス」（浄化作用）になっていることも多いのです（後でくわしくお

話しします)。

「水面」が遠くて、どうすればいいかわからない。

自分にできることをやっていても、なかなか芽が出ず、このまま花は咲かないのではないかと思えてしまう。

こういうときにぜひ読んでいただきたいと思って、この本を書きました。

最初に、

- 不運は幸運の前ぶれであること
- 大変な時期にも大事な意味があること
- うまくいかない日々の中に、やがて必ず訪れる〝幸運の芽〟が潜んでいること

についてお話しします。

そして、〝幸運な時期〟の訪れを早くする、たぐり寄せるコツについてお話しします。

〝楽しい時期〟〝いいことが続く時期〟は、天の計《はか》らいだからいつやってくるかわか

らないというものではなく、私たちの習慣によって早められるのです。

今、「がんばっても実りがない。どんなに種をまいても花が咲かない」としても、流れが変わる日は必ず訪れます。それまでは根を深く降ろし、大地の力をしっかりと取り込む準備をすることが、〝楽しい時期〟〝いい流れ〟〝プラスのスパイラル〟を引っ張り寄せる一番の秘訣《ひけつ》なのです。

何年かたって振り返れば、「あれはエネルギーをためる時期だったんだ」と思われることでしょう。

私たちに春の訪れを告げるタンポポも、春になってから種が大地に落ちたわけではありません。木枯らしが吹きすさぶ冬に根を降ろしている間は、人には見えません。ほめられたり、注目されることもありません。

しかし、しっかりと根を降ろしたからこそ、あのきれいな花が咲くのです。

今うまくいってるように見える人にも、一人残らず〝だめな時〟があったはずです。ずーっとうまくいってる人なんて、一人もいないのです。

いま大変だとしたら、それはエネルギーをためている〝チャージ中〟だから。チャージが終わると、かさぶたがはがれるように流れが変わります。

プラスに変わった流れをさらに強くし、その時期を長くするためには何をするといいか……言葉の使い方、人づきあいのヒントについても、ふれました。

「水面までどのくらい……って、そういえば思わなくなった」

そういう時期が早く訪れることを、心から願っています。

植西 聰

何も咲かない冬の日は
下へ下へと根を降ろせ
やがて大きな花が咲く

もくじ

1章　〝いつも咲いてる人〟なんて一人もいない

2章　エネルギーは〝冬〟にたまる

3章 〝長い冬〟には意味がある

4章 根を降ろすほど〝芽〟も強くなる

5章 〝春〟をたぐり寄せる心の法則

6章　すべてはある日、変わり始める

7章　〝たった一言〟から運気は上向く

8章　〝プラスのスパイラル〟が生まれるヒント

9章　やがて大きな花が咲く

本書は2015年にリンダパブリッシャーズから刊行された
『幸運は不運のあとにやってくる』を改題のうえ大幅に加筆・再編集したものです

1章

〝いつも咲いてる人〟なんて一人もいない

すべては〝陰と陽のくり返し〟でできている

「万物流転《ばんぶつるてん》」という言葉があります。

万物流転とは、この世に存在するすべてのものは、同じ状態を保つことなく移り変わっていき、永久不変なものなど存在しないという意味です。

寒い冬のあとには、必ず春がやってきます。

一日というサイクルも同じです。

夜の状態でも、太陽がなくなったわけではありません。

しばらくすると、必ず太陽が昇ってきます。それによって、朝日を浴びることができます。

「どちらか片方だけが単独で存在することはありえない。いかなるものも変化しつつある」

これは宇宙の絶対法則でもあるのです。

人生も例外ではありません。

「何をやっても報われない」という陰《いん》の状態にあるとしても、いつか必ず「努力した分、しっかり報われる」という陽の状態に切り替わるようにできています。

運が悪いときも、運がなくなったわけではありません。

運は、根のように隠《かく》れているだけにすぎません。

いつか必ず、入れ替わり、不運のあとには幸運がやってきます。

「禍福はあざなえる縄のごとし」という格言にもあるように、幸運と不運は常に隣り合わせにあります。

したがって、運は縄をより合わせたように入れ替わるものなのです。

〝うまくいってる人〟は皆〝冬の日〟を知っている

「アメリカン・ドリーム」という言葉があります。

アメリカン・ドリームとは、志を立て、意欲を持って仕事に打ち込めば、ゼロの状態からスタートしても、大きな成功を勝ちえて、巨万の富を築くことができるという考え方をいいます。

実際、ゼロの状態からスタートして、事業で大成功をおさめた人はアメリカにたくさんいます。

興味深いのは、その人たちは**全員、不運を体験したあとに成功をおさめた**ということです。

たとえば、鉄鋼王と呼ばれたアンドリュー・カーネギーは、たいへん貧乏な家庭に生まれ、学校を満足に卒業することもなく、一三歳から紡績工場に働きに出ています。

自動車王と呼ばれたヘンリー・フォードも同じです。

たいへん貧しい農民の子として生まれ、お金がなかったため、子どものころは、パンすら満足に食べられなかったといいます。

発明王トーマス・エジソンも例外ではありません。

彼は学校の先生から「頭が悪すぎる」と言われ、小学校をわずかな期間で強制的に退学させられています。

結論的にいえば、最悪の状態からスタートしても、ずっと冬が続くかのような不運続きの人生であっても、それにめげることなく、人生が好転する可能性に向けてまい進していけば、いつか必ず花開くようになるのです。

たくさんの不幸を味わうからこそ、そのぶん、たくさんの幸運エネルギーをためることができるのです。

そして、それが形になったとき、得るものも大きいのです。

「ハリー・ポッター」作者が報われない間にためたエネルギー

「あの人はいいなあ。やることなすこと、うまくいって……」
このように他人と自分を比べては、他人の運のよさをうらやましがる人がいます。
しかし、その人は本当に運がいいだけなのでしょうか。
本当に、やることなすことがうまくいっているのでしょうか。
そんなことはありません。
やはり、どこかで不運を体験しているのです。

J・K・ローリングが執筆した「ハリー・ポッター」のシリーズは、どれも大ヒットしました。
そして、何本も映画化されました。

それによってたくさんの印税収入を得ることができ、大金持ちの仲間入りを果たすことができました。

その一点のみを見つめれば、幸せ者といっていいでしょう。


しかし、そこに至るまでは不運の連続でした。

学生時代に社会不安障害という重い心の病気にかかり、苦しみました。

結婚生活も長く続かず、すぐに離婚しました。

挙句の果てには、うつ病まで発症し、生活保護を受けるまでに至ります。

ここまで見れば、不幸な人生以外の何物でもないでしょう。

彼女は、報われない人生を送ったからこそ、その後、報われる人生を送ることができたのです。

不幸続き、災難続きだからこそ、そのぶん、心の中にたくさんの幸運エネルギーをためることができ、大きな花を咲かせることができたのです。

逆境にあっても前向きに考えることで、幸運は不幸のあとにやってくるのです。

「白鳥の湖」も「第九」も、不運が生み出した

精神医学に「病跡学《びょうせきがく》」という研究分野があります。

「病跡学」とは、わかりやすくいうと、病気やけがをした人と、その人が残した業績の関係性について調べる学問のことをいいます。

それによると、ドイツの文豪ゲーテ、ロシアの作曲家チャイコフスキーといった人たちは、うつ病などの心の病を患ったおかげで、優れた作品を残すことができたといいます。

日本では野口英世がそうです。ご存じのように幼いころ、家の囲炉裏《いろり》の中に落ち、左手に大火傷を負いました。

しかし、学校の先生をはじめ、多くの人がお金を出してくれたおかげで、手術をすることができ、それによって医学に目覚め、後年は細菌学者として大活躍しました。

ベートーベンも同じです。

音楽家にもかかわらず聴力を失うという悲劇に見舞われましたが、そのおかげで、感性が研ぎ澄まされ、人の心を打つ名曲を次々と作り出すことができたのです。

とくに交響曲第九番は、日本では師走《しわす》の定番として愛されています。


このように、彼らは**病気やけがという不運を体験し、深く悩むことによって、自分の進むべき方向性を明確にし、才能を開花させ、人生を飛躍させていった**のです。

もし、彼らが病気やけがをしなければ、後世に残るような業績は残せなかったと思います。

その意味で、〝冬の日〟あるいは不運というものは、幸運になるために欠かすことのできない大切な要素なのです。

つまり、不運を体験するからこそ、幸運を手に入れることができるのです。

そして、その不運が大きければ大きいほど、大きな幸せを味わうことができる可能性があるのです。

「力を蓄えるための休息」……ブッダの言葉

〝冬の日〟が長く続くと、人は次のように考えがちです。

「この状態から一生抜け出せないかもしれない」

「自分はこの先もずっと報われないままかもしれない」

しかし、**「運・不運には幸運がエネルギーがある。不運のエネルギーが形となって現れているとき、水面下では幸運がエネルギーをためている」**というのが私の持論です。

つまり、不運のエネルギーがだんだんと弱まり、消滅すると、それと入れ替わるかのように、今度は幸運のエネルギーが形となって現れるようになるのです。

このことをうまく説明しているのが仏教の開祖・ブッダ（釈迦《しゃか》）です。

ブッダは不運に見舞われ、嘆き悲しむ人によくこう言ったとされています。

人は眠りに就くなど、休息することによって、心身を休ませることができる。力を蓄え、温存することができる。

それによって、いきいきと働くことができる。

大工は家を建てることができ、農夫は多くの野菜を育てることができる。

人生も同じだ。

もし、不運に見舞われたら、人生の休息をとっていると思えばいい。

これからの人生で活躍するときのために、力を蓄え、温存していると思えばいい。


不運に見舞われても、幸運がなくなったわけではありません。

むしろ逆で、その人が飛躍、発展するためのエネルギーをためているのです。

願望をかなえ、成功をおさめ、社会で大活躍するためのエネルギーをチャージしているにすぎません。

そして、不運のエネルギーが弱まり、幸運のエネルギーのチャージが完了した瞬間、今度は幸運のエネルギーが形となって現れるようになるのです。

根を降ろした人ほど、喜びも大きい

行動心理学に「代償の法則」という言葉があります。

何かを得るためには、何かを犠牲にしなければならないという意味ですが、最近では「快感を得るためには、不快感も避けては通れない」という意味合いでも用いられるようになりました。

たとえば、困難な登山はつらいものがありますが、頂上まで登らなかったら、壮大な景色を楽しむことはできません。

海外旅行も、成田空港からヨーロッパの中心部に行くのに、飛行機で一二時間前後かかります。

長時間、エコノミークラスのシートに座り続けるとしたら、それだけで疲れ果ててしまう人もいるでしょう。
でも、そうやって長時間のフライトに耐えるからこそ、現地に行ってバカンスを満喫できます。

人生にもまさしく同じことがいえます。
「苦労したくない」と考え、平穏無事な人生を歩むことを願っていたら、反動（落差）が少ない分、さしたる幸福感を味わうことができません。

大変な思いをしたり、苦労するからこそ、不幸が幸運と入れ替わったとき、大いなる喜びを味わうことができるのです。

それならば逆境にあっても、あくまでも前向きに考えたほうが幸運を味わえるでしょう。

「前半は不運なくらいがいい」のはなぜか

「第一志望の大学に何が何でも合格したい」

「第一志望の会社に絶対に入社したい」

こう願っても、思い通りにいかず、挫折することが人生にはしばしばあります。

しかし、「終わりよければすべてよし」とはよくいったものです。

前半は不本意でも、後半で思いどおりの人生を送れたほうが、幸福感を満喫できる場合が多いのです。

さだまさしさんは、子どものころからプロのバイオリニストを目指していましたが、音楽大学の受験に失敗しました。

しかしそのおかげで、シンガーソングライターとして大活躍するようになりました。

不運に見舞われても、その後の人生で幸運に包まれる例は、ほかにもたくさんあります。最初の段階でつまずいても、嘆き悲しむことはないのです。

それは、

「あなたにはもっと才能が存分に発揮できる場所がある」

「活躍できる場はほかにある」

という神様からのメッセージでもあるのです。

そのことを認識し、

「今は不運だが、そうそうすぐに人に誇れる結果が出るわけではない。それなら今はしっかり下へと根を降ろそう。実力を蓄えよう。そのうち幸運が訪れる。そうしたら幸運な人生を満喫できるだろう」

と考えてはどうでしょう。

そうすれば、絶望的な状況に立たされたからといって、失望したり、落胆することはなくなります。

むしろ、人生に希望の光が差し込むようになるでしょう。

〝根〟と〝花〟の法則①

- 大変な時期だけの人生などない。
- 運が悪いときも、運はなくなったわけではなく、根のように見えないだけ。
- 不運が長いほど、幸運になったとき得るものは大きい。
- 「人生の休息」と考える。
- 今、うかくいかないのは〝チャージ中〟だから。
- 〝つまずき〟が送ってくるメッセージに気づく。
- 思い通りになるのは前半よりも後半のほうがいい。

2章 ❁ エネルギーは〝冬〟にたまる

いい流れは〝ピンチの顔〟で近づいてくる

中国に「人間万事塞翁《じんかんばんじさいおう》が馬《うま》」という格言があります。


昔、ある村に一人の老人が暮らしていました。

あるとき、可愛がっていた名馬が逃げてしまいました。

近所の人がなぐさめに行くと、老人は次のように答えました。

「このことが福を呼ぶかもしれない」

しばらくすると、老人の言葉は現実となりました。

逃げた馬がたくさんの名馬を引き連れて戻ってきたのです。

近所の人が「よかったね」と言うと、老人は次のように答えました。

「このことが災いを呼ぶかもしれない」

すると、老人の息子が馬から落ちて足を骨折してしまいました。

近所の人がなぐさめに行くと、老人は、

「このことが福を呼ぶかもしれない」

しばらくすると戦争がはじまり、多くの男性が兵士として駆り出され戦死してしまいました。息子は足を骨折していたので兵役をまぬがれ、戦死しないですんだのです。


不運と思えることも、幸運につながったりするのです。

人生の危機・ピンチと思えることが、そのときはとてもそうは思えないとしても、成功のチャンスであることがあるのです。

逆境と思えることが、順境のきっかけになる場合もあるのはまぎれもない事実です。

まさしく、災い転じて福となす、です。

だからこそ、人生はおもしろいのかもしれません。

「このマイナスは、どうプラスに変わるかな？」

不運と思えることであっても、それは幸運の前ぶれであったりします。

人生の危機、ピンチと思えることが、チャンスの場合もあります。

しかし、不運に見舞われると、たいていの人はうろたえ、嘆き悲しみ、心はどんどんマイナスに傾いてしまいます。

そうならないためには、不運がどのように幸運に転じていくかを推測するといいと思います。


たとえば、第一志望の大学に入れなかった人がいたとします。

その一点のみ見つめると、不運に思えます。

しかし、滑り止めの大学に入ったおかげで、終生の恩師と慕う人や生涯の友と呼べる人と出会うことができたらどうでしょう。

その人にとって、不運ではなく幸運だったと解釈できます。

第一志望の会社に入れなかった場合も同じです。

そのおかげで、才能が存分に発揮できる会社に入れたとしたら、幸運だったと解釈できます。

災難に見舞われたり、物事が思いどおりにいかなかったとしても、失望することはないのです。


むしろ、**マイナスがどのような形でプラスに転じていくかを、いろいろな角度から推測してみてはどうでしょうか。**

そうすれば、未来を憂《うれ》うどころか、希望が持てるようになり、心がワクワクするようになるでしょう。

「いいことの前ぶれ」と考える

「傘を持たずに外出したら、急に大雨が降ってきた」

「風邪をひいてしまい、楽しみにしていた海外旅行に行けなくなった」

「人身事故で電車が止まり、大事な会議に間に合わなかった」

このようにツイてないときは、「これはいいことの前ぶれ」と考えるようにすると
いいと思います。


ある女性は、仕事中、職場の階段で転倒し、腰を痛めてしまったことがありました。

そこで、退社後、職場の近くにある整骨院に通うようになりました。

そんなある日の整骨院の帰り道、偶然、旅行代理店を見つけました。

その旅行代理店ではモニターキャンペーンを行っていて、彼女が行きたがっていた

ツアーが信じられないほどの低料金で売り出されていました。

そのおかげで、夏休みにバリ島に行くことができたのです。


人生はどこでどうなるかわかりません。

ツイていない不快な出来事が、案外、幸運の前ぶれだったりします。

それが願望をかなえるきっかけになることもあります。

成功の呼び水になることもあります。

ツイていない出来事に遭遇《そうぐう》したら、そのように自分に言い聞かせることが大切になってきます。

すると、先の展開が楽しみに思えてきます。

気分がだいぶ明るくなります。

そして、心がプラスに転じるようになります。

そうすれば、「災い転じて福となる」を、身をもって体験することができるでしょう。

視点を変えると見え方も変わる

イヤなことが起きると、人は悲観的な見方や考え方しかできなくなります。

「どうしてこういうことばかり起きるんだろう」

「私の人生なんてこんなもんだな」

といったようにです。

しかし、**イヤなことが実は〝いいこと〟が続く流れの前ぶれである場合が、人生にはしばしばあります。**

昭和三〇年代の前半、ある電器メーカーで働いていた男性の話を紹介しましょう。

あるとき、タイにあるA社から大量の扇風機の受注に成功しました。

ところが納品直前になってA社が倒産してしまいました。

「大量生産してしまったから、責任をとらされクビだろう」

そう覚悟しましたが、タイで暮らす友人のひと言が流れを変えました。

「タイにはバスが多い。扇風機を取りつけたらと、バス会社に提案してみたらどうだろう」

早速バス会社の社長に提案すると、「それはいい案だ」ということで、A社よりも大量の扇風機を発注してくれ、ピンチをチャンスに変えることができたのです。

イヤなことと〝いいこと〟は表裏一体です。

大切なのは、イヤなことの一面だけを見つめないで、視点を変えることで、プラスの要素を見つけ出すことです。

そうすれば道は必ず開けるようになるでしょう。

古代中国の占いの書『易経《えききょう》』が説く変化とは？

不運は幸運の前ぶれです。ピンチはチャンスの前ぶれです。
しかし、時として、不運やピンチといった状態が長く続くことがあります。
そういうとき、人は「もう、この状況から抜け出せないかもしれない」と考え、どうしても心がマイナスに傾きがちになります。
しかし、「必ず幸運がやってくる」と考え、状況が変化の兆しを見せるのを待ち続けることが大切になってきます。

古代中国の占いの書『易経』に次のような一文があります。

「窮《きゅう》すれば即ち変ず、変ずれば即ち通ず」

事態が最悪になると、そこで変化が起こる。変化が起こると、事態がよい方向に進

展していくという意味です。

たとえば、ミネラルウォーターです。発売された当初、日本の水は飲料に適しているとされていたので、わざわざお金を出して買うのはばかばかしいと考えられて、ほとんど売れませんでした。

しかし、その後、水道水に含まれる水道管のサビや消毒用の塩素の臭いが、人体に悪影響を及ぼすことが問題となりました。そうしたこともあって、今ではコンビニやスーパーなどでミネラルウォーターは飛ぶように売れています。

不運に見舞われ、事態が好転の兆しを見せなくても、最後の最後まで望みを捨てないことが大切になってきます。

「窮すれば即ち変ず、変ずれば即ち通ず」を指針に、根を深く降ろしながら、変化を期待し、信じ続けるのです。

そうすれば、状況は必ず好転し、幸運がやってくるのです。

「今日が幸運のはじまり」を口ぐせにする

一九世紀のアメリカの思想家ラルフ・エマーソンは次のような言葉を残しました。

「今日という日は幸運のはじまりである」

多くの人は「今日もいい一日でありますように」と願っています。

しかし、現実はそういうわけにはいきません。

ツイていない日もあれば、トラブルやアクシデントに見舞われる「災難日」もあります。

そのことで心を曇らせることもあるかもしれませんが、災難日が幸運を招くきっかけになることもあります。

それゆえ「今日という日は幸運のはじまりである」ともいえるのです。

たとえば、会社でリストラされたとしたら、ものすごいショックを受け、悲観的になるでしょう。

しかし、よりよい条件の会社に転職でき、なおかつ才能が存分に発揮できたとしたら、会社をリストラされた日は幸運のはじまりだったということになります。

体調をくずしてしまい、楽しみにしていた海外旅行に行けなくなってしまったというときも同様です。後日、代わりに国内の温泉旅行に行き、そこで陶芸を体験し、趣味が広がったとしたら、海外旅行を断念した日は、幸運のはじまりということになります。

災難日は幸せな人生を送るためのスタートを切る日かもしれません。

そのことを意識して、「今日という日は幸運のはじまり」を口ぐせにすれば、毎日を過ごすことが、楽しみに思えてきます。気持ちがワクワクしてきます。

幸運の女神は、そういう人に微笑《ほほえ》んでくれるものなのです。

いきなり花を咲かそうと焦らなくていい

アメリカのあるジャーナリストは、次のような言葉を残しました。
「不運を嘆く人の多くは、不運に対してあまりにも簡単に屈してしまうところがある。少しの間辛抱すれば、幸運の道が開けるものを。これはまことにもったいないことである」

この言葉を物語る好例として、ゴールドラッシュ時代のアメリカの逸話を紹介しましょう。

多くの人たちが、金の鉱脈を掘り当てて大もうけしようと、西部に集まってきたなかに、あるジャーナリストがいました。

みんなどんどん金鉱脈を掘り当てているというのに、彼はいくら掘ってもまったく金鉱脈を発見できません。精根尽き果て、諦《あきら》めて故郷に帰ってしまいました。

その後ほかの人が、ジャーナリストの採掘していた場所を掘ってみたところ、一メートル掘っただけで金鉱脈を発見したのです。

後日、そのことを知ったジャーナリストはものすごく悔しがったといいます。


この話を反面教師として言いたいのは、**苦難や逆境に見舞われても、諦めることなく、一つのことをコツコツと続けて根を降ろしていけば、いずれ花開く**ということです。


言い換えると、私たちが何かを行う過程で、物事がうまくいかないとしたら、それはあとになって幸福感を存分に味わってもらおうという、神様のおぼしめしなのです。今、苦労するからこそ、のちのち、幸せを体験することができるのです。

そのことを知れば、どんなにつらくとも、最後まで諦めることなく、一つのことをコツコツとやり続けることができるようになると思います。

「もう一日」「もう一回」を口ぐせにする

「何度やってもうまくいかない」

「いくら頑張っても、状況が好転しない」

そういうときは「もう一日」「もう一回」「もう一度」という言葉を口ぐせにするといいと思います。


自動車王といわれたヘンリー・フォードが画期的なエンジンを搭載した車を開発しようとしたとき、何度試みてもうまくいきませんでした。

技術者たちは「もう、諦めましょう」とフォードに進言しましたが、彼はそのたびに次のように言ってなだめたといいます。

「もう一回だけ、試してみよう」

その結果、ついにフォードは、画期的なエンジンを搭載した車の開発に成功したのです。

幸運の神様は少々意地悪で、一番苦しいとき、その人のすぐそばに幸運が歩み寄っているのに、わざとじらそうとするところがあります。

でも、それはその人が憎いからではありません。信念を強め、力強く生きることを望んでいるからです。

したがって、何かにトライしてもうまくいかないときは、次のような言葉を口にして、最後まで諦めないことです。

「もう一日、このエリアで営業しよう」

「もう一回、上司にプレゼンしてみよう」

「もう一度、国家試験にトライしてみよう」

そうすれば、神様は「よく頑張りましたね」といわんばかりに、その人を苦しみから解放しようとします。

つまり、夜が明け、光が燦然《さんぜん》と輝く世界を謳歌《おうか》できるようになるのです。

最悪のとき、エネルギーは最大限たまっている

占い師のなかには次のような言葉を口にする人がいます。

「今年のあなたの運勢は最悪だ。何もしないで、じっとしているほうがいい」

でも、本当にそうでしょうか。


ある年の暮れ、会社を辞め、起業家として成功することを願うAとBという二人のサラリーマンが占い師に相談したところ、次のように言われました。

「来年は二人とも運勢が最悪だから、脱サラ、起業はしないほうがいい」

それから一年後、二人が再会したとき、Aさんは暗そうな表情でBさんに言いました。

「占い師の言葉が気になり、やめにしたよ。案の定、今年は最悪で、大きな失敗をし

てしまい、左遷されてしまった」

Bさんは次のように言いました。

「私は起業家としてまずまずのスタートを切れた。だって今年の運勢が最悪だとしたら、これ以上、悪くなりようがないからね。来年はよくなる一方だ」

今が最悪だとしたら、これ以上、運勢は悪くなりようがありません。

あとは上昇あるのみです。

しかも、これがもっとも大切なことですが、**運気が最悪のときは、水面下でたくさんの幸運エネルギーがたまっています。**

そして、機が熟せば、入れ替わるかのように、今度はたまりにたまった幸運エネルギーが現象となって現れるようになります。

そうなればしめたものです。

そういうふうに考えられる人は幸運の頂点に向かって、突き進むことができるようになるでしょう。

“根”と“花”の法則②

●不運と思えても、幸運の前ぶれのことがある。

●一点だけ見ると不運なことでも、長い目で見ると、幸運につながる。

●ツイていない出来事の次は、いいことの出番である。

●イヤなことの一面だけを見つめない。視点を変えると、プラスの要素が見えてくる。

●事態が最悪になると、変化が起き、よい方向に進展していく。

●「災難日」は、幸せな人生を送るためのスタートを切る日。

●運気が最悪のときは、水面下でたくさんの幸運エネルギーがたまっている。

3章

〃長い冬〃には意味がある

トラブルには〝メッセージ〟がかくされている

「第一志望の会社に入れなかった」

「会社をリストラされてしまった」

「失恋してしまった」

そういう不幸な現象に遭遇したとき、誰もが落ち込むものです。

悲しみに打ちひしがれ、失望すると思います。

しかし、そういう不幸な現象には重要な意味、メッセージが隠されているのです。


その好例が、幕末から明治にかけて通訳や英語の教師として活躍した、ジョン・万次郎のエピソードです。

ジョン・万次郎はもともと漁師でしたが、あるとき漁の最中に嵐にあい、船が難破し、無人島に漂着するという不運に見舞われたことがありました。

しかし、その後、アメリカの捕鯨船に救出され、渡米し、しばらくの間アメリカで暮らしました。

そのおかげで英語をマスターすることになります。

そのことについて、ジョン・万次郎は、晩年、次のように語っています。

「船が難破するという不運は、よりよい人生を送るための、天の導きであった」

神様は私たちがどうすれば幸せになれるかを知っています。

そのために人生の軌道修正を図ろうとしてくれることが、しばしばあります。人生の軌道修正を図るためには、あえて不幸な体験をすることで、つらい道を通過したほうがいいことも知っています。

この「見えざる真理」を知れば、不運を嘆き悲しむ必要がなくなります。

むしろ、人生の危機が一転して、幸福に生きるためのチャンスへと転じるようになるでしょう。

不運な境遇にも意味がある

「実家がたいへん貧乏だったので、欲しいものが何にも買えなかった」

「父親の会社が倒産したため、大学を中退せざるをえなかった」

このように自分の境遇に不幸を感じる人も少なくありません。

しかし、不幸な境遇には意味があり、そういう体験をするからこそ、幸運がつかめることが人生にはしばしばあります。


古くは日吉丸、のちの豊臣秀吉です。農民の子として生まれた日吉丸は、義理の父から嫌われ、家を追い出されたため、少年時代、諸国を放浪していました。

しかし、そのおかげで信長と出会うことができました。

もし、彼が義理の父から嫌われていなかったら、諸国を放浪することもなかったでしょう。農民として一生を終えていた可能性があります。

松下電器（現パナソニック）の創業者、松下幸之助さんも同じです。

父親が米相場で失敗し、破産したため、大阪へ丁稚奉公《でっちぼうこう》に出されました。町で市電が走るのを見て、これからは電気の時代がやってくることを確信し、電気の世界に入りました。

もし大阪に丁稚奉公に出されなかったら、電気に目覚めることもなかったかもしれませんし、平凡な人生を送っていた可能性もあります。

したがって、どんなに惨めな境遇にあろうとも、そのことで憂うことはないのです。

むしろ、**「今、自分が不幸な境遇にあるのは、何か意味があるに違いない」と解釈するる**といいと思います。

そうすれば、心がへこんでしまうこともなく、未来に大いなる希望が持てるようになるでしょう。

落ち込む回数が減る考え方がある

社会人にもなれば、誰だって一度や二度くらい、仕事で挫折を味わうことがあると思います。

世の中を見渡すと、その挫折を味わって、成長する人とそうでない人がいます。飛躍・発展を遂げ、成功をおさめる人もいれば、そうでない人もいます。

成功者になるためには、「挫折には意味がある」と考えることが大切です。

ディズニー社を創設したウォルト・ディズニーは、若いころ、新聞社で漫画を書く仕事をしていました。

ところがあるとき、才能がないという理由で解雇されてしまいました。

しかし、周囲の援助でデザイン会社を作り、そこで短編アニメを作画するようになりました。これが彼の天職だったようで、アニメーターとしての才能をどんどん発揮していくようになりました。

つまり、漫画家としては芽が出なくても、アニメーターとしては芽が出るようになり、これがディズニー社の設立につながっていったのです。

もし、彼が漫画家としてそこそこ活躍し、新聞社をクビにならなければ、ディズニー社を設立することはなかったでしょう。ディズニーランドもなかったことになります。

仕事で挫折感を味わっても、落胆することはありません。

むしろ、

「これには必ず意味がある」

「ジャンルを越えて、別の形で生かされるときが必ずやってくる」

と考えるようにするとよいでしょう。

そうすれば、落ち込む頻度《ひんど》も大幅に減り、代わりに人生に明るい光が差し込むようになるに違いありません。

身体の不調や病気にも意味がある

人が体験することにはすべて意味があります。

ということは、**病気やけが、あるいは身体の不調にも、重要な意味が隠されている場合がしばしばあります。**

IT企業で働くある女性は、ひどい腰痛と肩こりに悩まされていました。

あちこちの接骨院や鍼灸《しんきゅう》の治療院に通いつづけても、いっこうによくなりませんでした。

そこで、思い切って会社を退職し、故郷の北海道に帰り、趣味のお菓子作りの腕を生かしてケーキ店をオープンすることにしました。

すると、不思議なことに、腰痛と肩こりの症状がピタリとおさまったのです。

彼女を悩ませていた腰痛と肩こりは「無茶をしてはいけない。マイペースで仕事をしなさい」というメッセージだったのです。

会社を辞めないで、あのまま無理をしていたら、重い病気にかかるなど、大きな悲劇が彼女に押し寄せていたでしょう。


軽い病気やけがや身体の不調といった症状は、私たちに大切な何かを気づかせ、生き方をよい方向に変えてもらおうとするための神様からのサインなのです。

そのサインによって、人は幸福な人生に向けて、新たなる一歩を踏み出すことができるようになるのです。

失敗にも意味がある

「パソコンのデータを誤って消してしまった」

「上司に提出したプレゼン資料に重大な誤字・脱字があった」

などなど、人生には失敗がつきものです。

そして、失敗すると、私たちはみじめな気持ちになります。

そういうときは、「失敗にも意味がある」と考えるといいと思います。

この場合の「失敗の意味」は、二通りあります。


一つは改善を促そうというメッセージです。

たとえば、携帯電話です。最初、大きくて重かったため、商品化されてもほとんど売れませんでした。したがって失敗したと思われていました。

ところが、小型化するとだんだんと売れていき、その後、メールの機能を搭載したところ、ますます売れるようになりました。さらに、カメラを搭載したところ、爆発的に売れるようになりました。

また、もう一つの意味は、新しい発見を促そうというメッセージです。

たとえばドライフルーツがそうです。

その昔、ヨーロッパのある貴族が王様から与えられた高価なフルーツをナイフで刻んだまま、乾燥した部屋にうっかり放置したことがありました。しかし、口にしたところ、ものすごく美味しいことがわかりました。これがドライフルーツのはじまりといわれています。

失敗をしたときは、いたずらに嘆くのはやめ、そこから意味を感じ取ることが大切です。

その意味に気づけば、失望・落胆が希望・期待に転じるようになるでしょう。

アクシデントにも意味がある

アメリカの宗教家ロバート・シュラーは、次のような言葉を残しました。

「トラブルは幸福が変装した仮の姿にすぎない。そこにはメッセージが隠されている」

この言葉を象徴する例として、ある女性の話を紹介しましょう。

その女性は車を運転中、接触事故に見舞われたことがありました。

彼女は被害者で過失は相手にありました。示談交渉を進めていくうちに、相手は心臓外科の権威といわれる大学病院の教授であることが判明しました。

女性には、七歳になる重度の心臓病を患っている娘がいました。

そのことを加害者である教授に話すと、こう言ってくれました。

「お詫《わ》びに私が執刀《しっとう》しましょう。優先的に入院・手術ができるように、私が取りはからいます」

こうして優先的に入院させてもらえたうえ、教授が手術してくれたおかげで、順調に回復したのです。

つまり、この接触事故にはまさしく意味があったのです。

私たちもトラブルやアクシデントに見舞われたからといって、がっかりすることはありません。

むしろ、

「この現象には意味がある。ひょっとしたら、状況が好転していく前ぶれなのかもしれない」

と、あくまでプラスに解釈することが大切です。

そうすれば、トラブルやアクシデントが、実際には幸運を招き寄せる使者であることがわかるかもしれません。

人間関係のトラブルにも意味がある

厚生労働省が五年ごとに発表している「労働安全衛生調査」（平成二九年発表）によると、仕事に対して強い不安・悩み・ストレスがある人は、回答者の五八パーセントにのぼるといいます。

さらに「ストレスがある」と答えた人は、仕事そのものよりも、職場の人間関係にそれを強く感じていることが明らかになりました。

たしかに、人間関係のトラブルほど厄介なものはありません。

しかし、人間関係のトラブルにも意味がある場合もたくさんあります。

仕事はできるのに、職場の仲間から敬遠されている男性がいました。

彼がランチに誘うと、みんな断るのです。

「なぜだろう……」

そう思って上司に相談すると、

「優秀で営業成績もいいけど自慢話が多すぎるんじゃないかな」

上司からこう言われた男性は大いに反省しました。

自慢話を慎むように心がけたところ、次第に職場の仲間と良好な関係が築けるようになったといいます。


人間関係がうまくいかないときは、「なぜ、あの人は私にこういう態度をとるのだろう。自分のどこかに原因があるのだろうか」と自問するといいでしょう。

そして、**自分に非があったら、素直に認め、反省することが大切です。**

相手の自分に対する態度にも意味が秘められており、それは自分自身の考え方や行動を見つめ直すいい機会なのです。

見つめ直すことによって、良好な人間関係を築くことができるようになり、また一歩、幸せな人生に近づけるようになるのです。

失恋にも大きな意味がある

繰り返しになりますが、不幸な現象には、人生をよりよい方向に変えていくための意味――メッセージが隠されています。

失恋も例外ではありません。

二〇代のある女性の話です。

彼女には交際して二年になる恋人がいましたが、彼女を捨てて、他の女性と結婚してしまいました。

立ち直れないほどのショックを受けたのはいうまでもありません。

しかし、五年経った今、この失恋には大きな意味があったと、彼女は痛感しています。

一つはあとでわかった話ですが、彼はギャンブルに大金をつぎこみ、多額の借金を抱えていたのです。結婚していたら、彼女も借金まみれの生活を送っていたでしょう。現に、男性と結婚した女性はそのことを知るやいなや激怒し、すぐに離婚したといいます。

もう一つは、別れてから一年後、いい人と出会い、幸せな家庭が築けたのです。

彼女の失恋は、「この人と一緒になっても、幸せにはなれない。ほかにもっとふさわしい人がいる」というメッセージだったのです。

それに気づいたおかげで幸運を手に入れることができたのです。

逆境にあったり、失恋したときは、「これで幸せな人生に一歩も二歩も近づくことができたのかもしれない」と考えることも十分に意味があることなのです。

〝根〟と〝花〟の法則③

●不幸な現象には重要な意味・メッセージが隠されている。

●不幸な境遇を味わうからこそ、幸運がつかめる。

●仕事で挫折しても、別の形で必ず生かされるようになる。

●身体の不調に隠されたメッセージに気づくことが大事。

●失敗は、改善を促すため、新しい発見を促すためのメッセージ。

●トラブルは、幸福が変装した仮の姿にすぎない。

●相手の自分に対する態度にも意味が秘められている。自分自身の考え方や行動を見つめ直すいい機会である。

4章 ❋ 根を降ろすほど〝芽〟も強くなる

不運のまま終わる不運はない

テーブルの上に一個のライターがあります。

タバコを吸わない人からすれば、必要のないものでしょう。

むしろ、「子どもがいたずらしたら火傷《やけど》してしまう」「火事の原因になってしまう」と、マイナスのイメージを抱く人さえいるかもしれません。

そういう観点からいえば、ライターは「マイナスのグッズ」に映るでしょう。

でも、本当にライターは「マイナスのグッズ」でしょうか。

停電などの緊急時、ロウソクに火を灯す際には不可欠だし、お香をたいたり、蚊取り線香をつけたりするときなどにも、何かと便利です。


マイナスと思えるもの、マイナスと思える出来事の中にも、プラスの芽が潜んでい

るのです。

たとえば、営業で異業種交流会に出席し、二〇人の人と名刺交換したものの、商品に興味・関心を示してくれる人が一人もいなかったとします。

その一面だけ見れば、不運に思えるかもしれません。

でも、マイナスのまま終わることはありません。

その日、名刺交換した人に対して、後日、別の商品を提案すれば、興味・関心を示してくれる可能性があります。あるいは、趣味の話などで意気投合し、仕事を越えたつき合いに発展していくかもしれません。さらにつき合いが深まり、困ったとき力を貸してくれるかもしれません。

一切の不運は、不運で終わることはないのです。

その中から幸運の種が芽生え、それがその人を幸福に導いてくれることが人生にはしばしばあるのです。

失敗には〝幸せの芽〟が潜んでいる

不運は、不運で終わることはありません。

むしろ、不運のなかに幸せの〝芽〟が潜んでいることがしばしばあります。

その観点からいえば、失敗も例外ではありません。失敗をすれば、改善・改良の知恵がどんどん湧いてくるようになります。それによって、大きな成功をおさめることも可能になるのです。

日清食品の創業者である安藤百福《ももふく》さんが開発したカップヌードルは、アメリカで爆発的に売れましたが、この話には後日談があります。

安藤さんの没後、日清食品のスタッフたちは「アメリカで売れたなら」と考え、東南アジアでもカップヌードルを売り出しました。

ところがこれがダメで、さっぱり売れませんでした。

在庫の山になってしまったわけですから、まさしく大失敗といっていいでしょう。

しかし、味付けを変え、東南アジアの人が好んで食べるトムヤムクンスープ味のカップヌードルを売り出したところ、爆発的なヒット商品となりました。

従来のものが売れなかったおかげで、トムヤムクンスープ味という〝幸芽《こうが》（幸せの芽）〟を見つけ出すことができたのです。

失敗をすれば、落胆するのは事実です。しかし、**失敗したおかげで、飛躍・発展につながる〝芽〟を見つけ出せるのも事実です。**

言い換えると、不運という失敗体験を味わわなければ、芽を見つけ出せないこともあるのです。

「失敗体験のなかに芽が潜んでいる」

そう考えれば、今、体験している失敗という不運が、たいへん貴重でありがたいものに思えてくるでしょう。

人や物事を決めつけない

「この人と関わってもいいことはない」

「この人は危険だ。絶対に近寄ってはいけない」

「これは災いの種となる」

人や物事に対して、こう決めつけてしまう人がいます。

そういう人のために、中国に古くから伝わる民話を紹介しましょう。


あるところに、AとBという二人の男がいました。

二人には酒が飲めないという共通点がありました。

しかし、考え方が対照的で、Aは「酒は身体に害を及ぼす、一〇〇パーセント悪しきもの」と考えていたのに対し、Bは「過度の酒は身体に悪いけど、時として有益になることもある」と考えていました。

その二人が別々に山に登りました。山道で二人とも毒蛇に咬《か》まれてしまいました。Aは死んでしまいましたが、Bは一命を取り留めることができました。

なぜ、Bだけが助かったのでしょうか。

酒は飲みすぎると毒だが、傷口の消毒には効果があることを、Bは知っていたからです。つまり、酒によって幸運がもたらされたのです。

これは、酒に限ったことではありません。

「あの人は上から目線で、言葉使いも乱暴だ」と煙たがられている人が、いざというとき、頼もしい味方になってくれることがあります。

大切なのは、マイナスに決めつけないようにすることなのです。

場合によってはレッテルを外すことなのです。

そうすれば、**自分が「害」だと思い込んでいたものの中から〝幸芽〟が見つかることもあるのです。**

コンプレックスが〝芽〟の出るきっかけになる条件

「短気なところがある」
「神経質である」
「落ち着きがない」

このように、人間には誰にでも性格上の短所というものがあります。

しかし、**「自分のここがイヤだ」「あの人のここが嫌いだ」と思っていることが、案外、長所になる場合があります。**

つまり、性格上の短所にも〝幸芽〟が潜んでいるのです。

初代内閣総理大臣・伊藤博文の秘書に、いつも落ち込んだような、悲しそうな顔をしていた人がいました。ほかの秘書たちからは「あいつといると、こちらまで暗くなる」と敬遠されていました。

あるとき、博文のライバルだった政治家が急死し、博文はその秘書を弔問《ちょうもん》に向かわせました。

彼の表情を見た弔問客は、「秘書がこんなに悲しんでいるということは、伊藤さんもきっと同じ気持ちでいるに違いない」と思うようになりました。

その結果、伊藤博文への敵対心が好意に変わり、ライバル陣営の政治家がみんな伊藤博文に協力的になったのです。

この秘書は〝幸芽〟の役割を果たしてくれたのです。


自分の性格上の短所を気にすることはありません。

他人から指摘されたからといって落ち込むこともありません。

むしろ、それを個性として受け入れてしまうことが大切になります。

そうすれば、〝幸芽〟が見えてくるでしょうし、それがその人の大きな武器にもなると思います。

角度を変えると見えてくる〝芽〟がある

世の中を見渡すと、やらないうちからダメと物事を決めつけてしまう人が少なくありません。

「こんな商品、開発しても売れっこない」

「どうせ面接に行っても落ちるに決まってる」

といったようにです。

そのままだと、不運は不運のままで終わってしまうことになります。

しかし、ダメと決めつけないで、視点を前向きに変え、実際に動いてみれば、〝芽〟が見つかることがしばしばあります。

アメリカやヨーロッパでは和食、とりわけ寿司が大人気です。

その寿司店を初めてヨーロッパにオープンしたのは、ある回転寿司店でした。

しかし、進出するにあたり周囲の人々の間では、「西洋人はナマモノを食べる習慣がないから、寿司店を出してもうまくいかないだろう」という意見が大多数を占めました。

ところが、その回転寿司店の社長は違いました。

「たしかに西洋人はナマモノを食べる習慣がないが、もし、その美味しさを知ったら、寿司を食べる人がどんどん増えるだろう」

こう考え、出店に踏み切ったのです。

やりもしないうちからダメと決めつけ、否定的・悲観的に考えていては、〝幸芽〟も発芽しようがありません。

しかし、この社長のように、決めつけないで、前向きに視点を変えることで楽観的・建設的に考えるようにすれば、それに反応して芽を出すようになります。

願望をかなえたり、成功をおさめることを望むなら、ぜひ、そのことを肝《きも》に銘《めい》じたいものです。

別の方法を考えると流れが変わる

古代中国に、皇帝の料理役をしている男がいました。

ある日、皇帝に夕食を出す直前になって、手元に冷めたご飯しかないことに気づきました。

「困ったな。冷たいご飯など出したら、皇帝様に叱られてしまう。下手をすれば殺されてしまう。どうしよう」

そのとき、こんなアイディアが浮かんできました。

「待てよ。この冷めたご飯を、卵やえびと一緒に油で炒めてみたらどうなるだろう」

そして、それを皇帝に出したところ、皇帝は「うまい！」と絶賛し、間もなくして、男を料理長に任命しました。

これがチャーハンのはじまりといわれています。

料理人は、ピンチを幸運に転じさせたのです。

一切の災いは災いで終わることはありません。

その中から幸運の種が芽生え、幸運に導いてくれることが人生にはしばしばあります。

まさに不運のあとに幸運がやってくるのです。何も咲かなかった冬のあとに、大きな花が咲く季節がやってくるのです。

一つの方法にこだわらないで、別の方法を考えることが大切になってくるのです。

意外なアドバイスをくれそうな人に話す

一切の不運のなかに〝幸運の芽〟は潜んでいます。そして、それは楽観的・建設的に考えたり、別の方法・別の角度から考えると、見えてきます。

しかし、時にはそうやっても〝芽〟を見つけられないことがあります。

そういうときは、他人の意見をあおぐのもいいでしょう。

ある女性の話です。

アメリカで長年暮らしていた彼女は帰国後、フリーの翻訳家として出版関係の仕事をするようになりました。ところが、あるとき災難に見舞われ、いつもたくさん仕事を出してくれていた出版社との関係がむずかしくなってしまいました。

仕方なく、他の出版社に営業したものの、なかなか仕事がもらえません。

大学時代の先輩に相談すると、こうアドバイスしてくれました。
「出版社にこだわる必要はない。商社や貿易会社を当たってみたらどう？」
アドバイスに従い、貿易会社に売り込んだところ、すぐに仕事の依頼がきました。
さらにその会社の紹介で、別の商社からも依頼が来るようになったのです。

一つの業界に身を置いていると、定められた角度からしかものが見られなくなり、一定の尺度でしか物事が考えられなくなります。

しかし、他の業界にいる人は違った角度からものを見て、自分の予想もしなかった意見を言ってくれることがあります。意外な情報を提供してくれることもあります。

トラブルに見舞われたら、他人の意見をあおぐことも必要です。

そうすれば視野が広がり、不運のなかから〝幸芽〟をつかみ出すことができ、人生を幸運に転じさせていくことが可能になるでしょう。

リフレッシュするには「いる場所を変える」

一切の不運のなかから〝幸せの芽〟を見つけ出すためには、気分転換を図り、リフレッシュできる場所に行くのも一つの方法です。

大自然がある場所に行くのもいいでしょう。海外旅行に行くのもいいでしょう。

そういった場所に行けば、新鮮な刺激と感動によって感性が目覚め、〝芽〟が見えてくることがしばしばあるからです。

ある飲料水メーカーの開発担当の女性は、上司から新しいタイプのスポーツドリンクを開発するように、命じられたことがありました。「失敗したら、降格もやむをえない」とプレッシャーをかけられる始末でした。

アイディアが出なくて困っているとき、気分転換を兼ねて、南の島に行きました。

現地の人たちが美味《おい》しそうに飲んでいたのは、ヤシの実のジュースでした。

「美味しいだけでなく、適度に塩分と栄養分がある。汗をかいたときの水分補給に最適かもしれない」

帰国後、早速、ヤシの実のジュースの成分を参考にしたスポーツドリンクを開発したところ大ヒットしたのです。

この功績が認められ、降格どころか、逆に課長に昇進することができたのです。


困難に遭遇すると、私たちの頭は凝り固まってしまいます。

そうなると、打開策も見出せないし、アイディアも湧いてこなくなります。

そんなときは、気分転換できる場所に足を運ぶといいでしょう。

目からウロコが落ちる発見ができるかもしれないし、打開策につながる素晴らしいアイディアが湧いてくるかもしれません。

人に言えない弱みも〝きっかけ〟になる

人間、誰にでも、他人に言えない弱み・コンプレックスというものがあります。

「車の運転が下手だ」
「英語が苦手でまったくしゃべれない」
「カナヅチで全然泳げない」
などなど。

自分の本を出したかったある男性には、かつては他人に言えない弱み・コンプレックスがありました。三〇回以上も転職を重ねてきたことです。

そんなあるとき、勉強会で知り合い、親しくなった出版社の編集者からこう言われました。

「あなたは三〇回以上も転職を繰り返し、ようやくデザインの仕事に就いたそうですね。その貴重な体験をもとに、転職がうまくいかずに悩んでいる人たちの役に立ちそうな本を書いてみませんか。転職で成功するためのノウハウを公開しませんか」

こうして、男性は思いがけない形で、自分の名前で本を出すことができたのです。

弱みやコンプレックスというものは、一見すると、マイナスなことのようにしか思えません。

しかし、そのまま終わることはありません。

意外なときに、意外な形で、幸運、すなわち飛躍・発展のチャンスを招き寄せてくれることもあります。

弱み・コンプレックスのなかにも〝幸芽〟が潜んでいるのです。

それによって、人生がよりよい方向に変わっていく場合もあるのです。

〝根〟と〝花〟の法則④

●マイナスと思えるものや出来事のなかにプラスの〝芽〟が潜んでいる。

●失敗したおかげで、飛躍・発展につながる〝幸芽〟を見つけ出せる。

●失敗を繰り返しても、「もうダメ」と決めつけず、前向きな気持ちで取り組む。

●人や一つの物事をマイナスと決めつけないほうが、流れが変わるきっかけをつかみやすくなる。

●性格の短所を個性として受け入れてしまえば、その人の大きな武器になる。

●他の業界にいる人は、違った角度からものを見て、自分の予想もしなかった意見を言ってくれることがある。

●弱みやコンプレックスは、意外なときに意外な形で、飛躍、発展のチャンスを招き寄せてくれる。

5章 ❁ 〝春〟をたぐり寄せる心の法則

不運のエネルギーは形に現れると消滅する

自動車はガソリンを燃料としています。

エンジンをかけると、ガソリンがエネルギーとなり、「走行する」という形となって現れるわけです。

では、何時間も走行させたらどうなるでしょうか。

ガソリンの量はどんどん減っていき、しまいにはエンストを起こし、動かなくなります。ガソリンというエネルギーは形に現れると次第に減っていき、最後には消滅するわけです。

マッチも同じです。こすれば火は形となって現れ、しばらくすると消えます。

運・不運にも同じことがいえます。

不運にはエネルギーがあり、形に現れると消滅するようにできています。

しかも、興味深いのは、その間、幸運は水面下に潜んでエネルギーをためていて、不運のエネルギーがだんだんと弱まり、消滅すると、今度は幸運のエネルギーが形となって現れるようになることです。

したがって、不運に見舞われたときは、次のように解釈するといいと思うのです。

「今、自分の人生において、不運のエネルギーが形となって現れている。しかし、それはいずれ消滅し、代わりに幸運のエネルギーが形となって現れるようになる」

そして、この不運のエネルギーが形となって現れる現象を、私は**「人生のデトックス（悪いものが出ていくこと）」**と呼んでいます。

言い換えると、運命がいい方向に変わるときに生じる現象が、「人生のデトックス作用」なのです。

焦りや怒りは〝冬〟を長引かせる

マッチは、こすらない状態では、火は形になって現れません。

しかし、こすれば火は形となって現れ、しばらくすると消えます。

では、マッチでつけた火が燃えている最中に、油を注いだらどうなるでしょうか。

火は弱まるどころか、いっそう激しく燃え盛るようになります。


これを人生のデトックス作用の最中に例えてみると、焦る、怒る、といったマイナスの感情を抱くことが、火に油をそそぐことにつながります。

デトックスの最中は、「やりたい仕事に就けない」「成果が上がらない」など、物事が停滞し、なかなか自分の思いどおりにはいきません。

そういうとき焦ったり、怒ったりすると、よけいにうまくいかなくなります。ますます焦り、怒りの感情が増大します。

すると、さらにうまくいかなくなります。

つまり、マイナスのスパイラルに陥ってしまうのです。

したがって、そういうときはうろたえることなく、事態の推移を冷静な目で見守ることが大切になります。


繰り返しますが、不運にはエネルギーがあります。

そして、それは形に現れると消滅するようになっています。

この消滅を早めるためには、怒ったりしないで、できるだけ心を前向きにするのが一番なのです。

そうすれば、いずれ不運のエネルギーは消滅し、代わりに幸運のエネルギーが形となって現れるようになるでしょう。

「人生のデトックス作用」という心の大掃除

人生のデトックス作用は、なぜ起きるのでしょうか。

これには心の法則が大きく関係しています。

私たちはよくも悪くも毎日いろいろなことを考えながら生きています。

そして、それは想念となって絶えず心の奥底にインプットされています。

「うれしい」「楽しい」といったプラスの想念だけでなく、「悲しい」「悔しい」といったマイナスの想念も、エネルギーとして蓄積されます。

興味深いのは、心の奥底には、それをさまざまな形で現象として現す働きがあることです。

つまり、ある程度のエネルギーがたまると、心の奥底はそれを排除しようとします。

そのとき、マイナスの想念によって蓄積されたエネルギーは「仕事の挫折」「人間関係のトラブル」「病気やけが」「失恋」といった形となって現れるようになります。

それが「人生のデトックス作用」なのです。私たちの心の奥底に蓄積されたマイナスの想念が現象となって現れたものなのです。

しかし、「逆も真なり」で、私たちはそこに希望を見出すことができます。

デトックス作用というのは、その人の心の中に蓄積されていたマイナスの想念がエネルギーとなって外に放出された証拠だからです。

腫《は》れものができて、ウミを出しているときは、とても痛いですが、ウミを出しきれば、痛みはおさまり治るようになります。

原理はそれとまったく同じです。

マイナスの想念というウミを出しきれば、心の大掃除が完了したことになるため、心の中はクリーンな状態となり、今度は幸運エネルギーの出番となります。

つまり、それからはハッピーな現象がたくさん起きるようになるのです。

「流れに逆らわない」も立派な作戦

「地方に左遷されてしまった」

「失恋したショックで病気になってしまった」

などなど、逆境の最中にいるのはつらいものがあります。

そういうときは、流れに逆らわないで生きることが大切です。

仏教の開祖・ブッダ（釈迦）は、弟子から「困難に見舞われたときは、どう対処したらいいか」と尋ねられたとき、次のように答えたといいます。


あの渓谷にある川の激流を見てごらん。

あの激流に身を任せた自分を想像してごらん。

渓谷の激流には、大小さまざまな岩が方々に点在している。

激流に身を任せ、川を下ろうとすると、岩にぶつかって痛い思いをする。

それでも流れに身を任せながら川を下っていけば、流れがだんだんと穏《おだ》やかになり、しまいには大河に行き着く。

人生もまったく同じである。

つらいときは、人生の激流に逆らわないことだ。


幸と不幸は表裏一体です。不運のあとには、必ず幸運がやってきます。

したがって、不運に見舞われたときは、幸運の出番を待って流れに逆らわないことです。

目標だけはきちんと持って、地道にやれることをやりながら自然の流れに身を任せてしまうことです。

運命を神様にゆだねてしまうくらいの気持ちでいるといいでしょう。

そうすれば、運命の荒波はだんだんと穏やかになり、いずれ幸運という名の大河に行き着くようになるでしょう。

あえて受け入れると〝春〟が早くやってくる

近年、地球の天候は不安定になっています。

カンカンに太陽が照りつける日があれば、ゲリラ豪雨の日もあります。台風に見舞われる日もあれば、竜巻や突風が起きる日もあります。

こうした「自然の気候のよし悪し」は人間の力ではどうにもなりません。

人知を超えた自然現象に対しては、その事実を謙虚に受け入れ、災害に見舞われないように細心の注意を払いながら生きていくしかありません。

逆境も同じです。

いついかなる形でやってくるかわかりません。

しかも、それに逆らおうとすると、かえって事態が悪化してしまう可能性があります。

そういうときは、もがいたり逆らったりしないで、あえて受け入れてしまうといいと思います。

たとえば、恋人から別れ話を切り出されたら、ヨリを戻すように努力することも大切ですが、それでも相手が一方的に別れたいと言ってきたら、受け入れてしまうのです。

会社から不本意な異動を打診されたとしたら、今の部署に残れるように最善を尽くすことはもちろん大切ですが、ラチがあかないと思ったら、受け入れてしまうのです。

もちろん、そのときはつらく悲しい思いをするでしょう。

お先真っ暗のように思えてくるかもしれません。

生きる張り合いもなくなってくるでしょう。

しかし**希望を持ち続ければ、〝冬の日〟が去ったあと、水面下にたまった幸運エネルギーによって、素晴らしい〝花が咲く季節〟を引き寄せることができるようになるのです。**

思い切って開き直る

逆境に見舞われたら、もがいたり逆らったりしないで、あえてそれを受け入れてしまう。

その一方で、あくまで前向きに明るく考えるようにする必要があります。

商社に勤める男性は、会社をリストラされたことがありました。

しかも、「泣きっ面にハチ」とはよくいったもので、直後に奥さんとも離婚し、挙句の果てには交通事故にあい、入院してしまいました。

このとき、その男性は次のように思ったというのです。

「これで悪いものが全部出ていった。これからはいいことがたくさん起こるようになるだろう」

すると、どん底状態から一変して、本当にいいことが起こりました。退院後、知人の紹介で再就職に成功し、間もなく再婚したばかりか、念願だった税理士の資格を取ることができたのです。

逆境に見舞われると、確かに精神的につらくなります。

そのとき「この危機的状況から何とかして抜け出したい」と思い続けていると、かえって状況が悪化してしまうことがあります。

逆に、この男性のように「これで悪いものが全部出ていった。これからはいいことが起こる」という信念のもと、前向きに、積極的に考えるようにすれば、状況の悪化に歯止めをかけることができます。

前向きに考えて根をしっかりと降ろしていけば、不運のエネルギーはだんだんと弱まるようになります。

むしろ、水面下に潜んでいる幸運エネルギーがいち早く覚醒するきっかけになることもあるのです。

ネガティブ・スパイラルに陥らない心の法則

逆境に見舞われたときは、悪いものが出て行ったと考えることがポイントになります。

その際、ネガティブ・スパイラル（負の連鎖）に陥らないように努めることも大切になります。

逆境に見舞われると、人当たりがきつくなる人もいます。

人によっては、それが皮肉や暴言となって現れることもあります。

そうなると人間関係まで支障をきたすようになります。

職場では上司や同僚からも嫌われ、孤立し、家庭では夫婦げんかがたえなくなり、子どもからも煙たがられるようになります。

その状態を放置しておけば、会社を退職したり、別居や離婚問題にまで進展しかねません。

これが、ネガティブ・スパイラルというものです。

逆境に陥ったときはグチや悪口を慎んだほうがいいでしょう。

口にすると、当然、耳から心にも入ってしまいます。

それはマイナスの想念を心の奥底にインプットすることにほかなりません。

すると、マイナスのエネルギーが消滅するどころか、マイナスのエネルギーをチャージすることになります。

つまり、本来なら数カ月で終わるはずのデトックスが半年、一年……と長くつづくようになるのです。

したがって、**逆境に見舞われたときは、ただでさえ心がマイナスに傾きやすくなるので、それに少しでも歯止めをかけることが大切になってきます。**

「悪いことを思えば、ますます悪いことが起こる」

この心の法則をぜひ忘れないでいただきたいと思います。

困難に飛び込んでいくと状況が変わる

明治から大正期にかけて森田正馬《まさたけ》（一八七四〜一九三八）という精神科医がいました。

森田氏が編み出した精神療法の一つに「恐怖突入療法」というものがあります。

苦手としているものがあったとき、そこから逃げずに向き合い、立ち向かっていくことで、苦手意識から湧き起こる精神疾患を克服する治療法のことをいいます。

「人前で話すのが苦手である」ならば、スピーチを買って出たり、会議で率先して発言するのです。

「一人で乗り物に乗ると動悸《どうき》がする」ならば、A駅とB駅、一区間でもいいから一人で電車に乗るようにするのです。

この療法ではこうして困難と闘い、困難を克服することで自信をつけ、少しずつ症状を改善していくことを目的としています。

逆境や困難はしつこいところがあり、逃れようとすると、どこまでも追いかけてきて、つきまとおうとします。

それを逆手にとって、困難が押し寄せてきても、逃げることなく、立ち向かっていくようにするのです。

苦手なセールスの仕事をするように上から命令されたら、逆にどんどんやってみるといいでしょう。

見知らぬ地方に左遷の憂《う》き目にあったら、とりあえず暮らしてみるといいでしょう。

その際のポイントは「必ずうまくいく」と口ぐせにすることです。

そうすれば、気負うこともないし、不安もなくなります。

むしろ、困難は自分に都合よく転じていき、そこから幸運の種がつかめるようになると思います。

得たものを捨てて生きる

逆境に見舞われると、夢も希望も持てなくなることがあります。

人生に嫌気がさすこともあります。

そういうときは、得たものを捨てて生きてみるのも一つの方法です。


平安時代の末期に西行《さいぎょう》法師という僧侶がいました。

西行は元々朝廷を警護する武士で、平清盛とは同じ釜のメシを食った仲間でした。

その西行に、あるとき、太政《だじょう》大臣となった清盛がこう尋ねたことがありました。

「武士だったころのおまえはいつも暗そうな表情をしていたが、今はなぜそんなに明るい表情をしているのか」

すると、西行は次のように答えました。

それは、武士という身分も屋敷もすべて捨てたからだ。

そういったものがあると、それを維持することに躍起《やっき》になる。

そうなると、心は休まらない。むしろ、心を悩ませることになる。

しかし、そういったものを捨てれば、しょせん、すべては些細《ささい》なこと、どうでもいいように思えてくる。

躍起になることもないし、心を悩ませることもない。

だから、明るい表情でいられるのだ。


逆境に見舞われると、人は地位や肩書きなど、得たものを失うことを恐れます。

それならば、それを逆手にとって「得たものをすべて失ってもいい」くらいの気持ちでいるほうがいいでしょう。

そうすれば、失うものがこれ以上ないわけですから、心を悩ませる頻度《ひんど》も少なくなり、気楽な気持ちで生きられるようになります。

すると、逆境も短期間で終わる可能性が高いのです。

〝生まれ変わりの儀式〟と見てみると……

この宇宙や地球上に存在するすべてのものは、一定の場所にとどまることなく、移り変わっていきます。


海の水は蒸気となって雲になります。

雲は雨となって、大地に降り注ぎ、滝の水から川の水へと姿を変えていきます。

また、土に降った雨は野菜や果実を育てる役目も果たしてくれます。

その野菜や果実といった食べ物も、私たちの身体の中へ入っていき、エネルギーになっていきます。


すべてのものは姿・形を変え、生きつづけているのです。

人生も同じです。

方向転換を余儀なくされたら、一つの人生に固執しないで、夢を持って新たな人生を踏み出せばいいのです。そうすれば、本当に自分らしい生き方が発見できるかもしれません。

一つの仕事に挫折したら、まったく別の新たな仕事に就けばいいのです。そうすれば、才能が存分に発揮できるかもしれません。


人生には終わりがありません。

姿・形を変えながら、絶えず成長・進化を遂げようとしています。

逆境というのは、いってみれば神様がその人を幸せな方向に導こうとする〝生まれ変わりの儀式〟のようなものなのです。

したがって、その〝儀式〟を終えれば、その人は成長・進化を遂げ、真の意味での幸福な人生が歩めるようになるのです。

〝根〟と〝花〟の法則⑤

- 不運にはエネルギーがあり、形に現れると消滅するようにできている。
- 運命がいい方向に変わるとき、「人生のデトックス作用」が生じる。
- 不運を受け入れたほうがいい場合もある。
- 逆境のときは、心がマイナスに傾きやすくなるので、歯止めをかける。
- 困難に立ち向かっていくと、順境に転じることもある。
- 「得たものをすべて失ってもいい」くらいの気持ちでいることも大切。
- 〝生まれ変わりの儀式〟のようなものと考える。

6章 ❁ すべてはある日、変わり始める

心をプラスにすると幸運と共鳴しやすくなる

音叉《おんさ》というU字型の金属製の道具があります。

これは、軽く叩いて、一定の振動数の単音を出し、楽器の調律、すなわちチューニングをする際に使用します。

叩くと「ラ」の音（音楽ではふつう「A《アー》」と呼びます）が鳴る音叉を二つ用意したとします。ひとつを叩くと、もう一方は叩かなくても、振動し始めます。音叉同士が共鳴し、響き合う仕組みになっているわけです。

この現象は人生にも当てはめて考えることができます。

不運のとき、心がマイナスに傾いていると、心の法則によって、〝不運の波動〟と共鳴しやすくなります。

すると、ますます不運な現象が起きるようになります。

しかし、心をプラスの状態に保てば、〝幸運の波動〟と共鳴しやすくなります。

すると、不運の時期は予定していたよりも早く終わりを告げ、幸運期がやってくるようになります。

つまり、幸運のエネルギーが形となって現れやすくなるのです。

しかし、そのことが理屈ではわかっても、不運に見舞われたとき、心をプラスの状態に保つのは難しいと考えている人が多いと思います。

でも、心配はいりません。

ちょっとしたコツがあるのです。

そのコツさえ飲み込めば、誰もが容易に心をプラスの状態に持っていくことが可能になり、〝幸運波動〟と共鳴しやすくなるのです。

「幸運を貯蓄した」と考える

心をプラスの状態に保てば、幸運波動と共鳴しやすくなります。

すると、不運の時期は予定していたよりも早く終わりを告げ、幸運期がやってくるようになります。

そのためには、「一つの不運を体験したら、一つの幸運を貯蓄した」と考えるといいと思います。

会計事務所に勤める女性は、夏休みに、友人とシンガポールへ旅行に行く予定でいました。

ところが、出発の直前になって、風邪をひき、高熱を出してしまい、旅行に行けなくなってしまいました。

職場の先輩が言いました。

「今回の件は悔しいかもしれないけれど、幸運を貯蓄したと思えばいいよね」

すると、先輩の予言は見事的中しました。

旅行に行けなかった代わりに、ダメだと思っていた税理士の試験に見事パスしたのです。


不運がエネルギーとなって形となって現れているときは、幸運のエネルギーは水面下に潜んでいます。

そして、不運のエネルギーが消滅すると、今度は幸運のエネルギーが形となって現れるようになります。

言い換えると、**不運を体験しているときは、幸運をためているのです。**

機が熟せば、今度は蓄積された幸運の出番がやってくるようになるのです。

そのことを知れば、心がプラスになり、不運のあとに確実に幸運がやってくるようになるでしょう。

楽しんでしまうと心が切り替わる

東京に住んでいる人が空路で海外に行く方法は、羽田からと成田からの二つあります。どちらにもデメリットとメリットがあります。

成田空港の場合、空港まで行くのに時間とお金がかかります。しかし、便が多く、格安チケットが手に入りやすいというメリットもあります。

羽田空港の場合、便が少なく、チケット代が高いというデメリットがあります。しかし、羽田空港には、交通の便がよく、深夜に出発する便が多いため、仕事を終えてからも旅立つことができるというメリットもあります。

デメリットばかりに目を向けていると、不快な気分になりますが、メリットに目を向けると、まんざら悪い気分ばかりでもありません。

心もマイナスからプラスに切り替わるようになります。

そこで不快な出来事、ツイてない出来事に見舞われたら、デメリットだけでなくメリットにも目を向けるといいと思うのです。

エスカレーターが故障した　↓　階段を使うので日ごろの運動不足が解消できる。
約束している相手にカフェで待たされた　↓　そのおかげで本が読める。
電話をしてきた人が上から目線で不愉快だ　↓　偉そうな人にも怒らず対応するスキルを磨ける。
上司から面倒なプレゼン資料の作成を頼まれた　↓　文章力を強化するいい機会である。

このようなメリットに目を向ければ、心の状態がマイナスからプラスへと切り替わるようになります。

心がプラスに切り替われば、考え方や行動までもが変わるようになります。

そうなればしめたもので、その人が望まなくとも、幸運がやってくるようになるでしょう。

「都合よく解釈する」とリズムが生まれる

ネガティブな現象に遭遇したら、そこからメリットを見つけ出すと、心の状態がマイナスからプラスへと切り替わるようになります。

しかし、そうはいっても、不快な出来事のなかにはメリットが見つけ出せないものもあります。

たとえば、交通事故を起こしたときです。

軽い接触事故にせよ、自分が加害者だとしたら、警察を呼んで被害者と示談交渉をしなければなりませんし、保険会社に事故の届け出をしなければなりません。

そして、けがの有無を問わず、被害者に誠心誠意、謝らなくてはなりません。

そういう状況下において、メリットを探し出すのは難しいものがあります。自分が悪いにせよ、災難であることには違いないわけですから、憂うつな気分になるでしょう。

そういうときは無理してメリットを探し出すのではなく、**ネガティブな現象を自分にとって都合よく考えることが大切になってきます。**

つまり、この場合でいうと「おかげで、これからは慎重に運転ができる」と解釈するようにするのです。事故を教訓としてとらえるようにするのです。

国家試験に落ちたときも同じです。

「そのおかげで、もう一年しっかり勉強できる」と解釈するといいでしょう。

商品が売れなかったときも、「商品の改良・改善を図るいい機会である」と、結果的に自分の人生にプラスに働いていると考えるといいでしょう。

そうすれば、心の状態がマイナスからプラスへと切り替わるようになります。

すると、プラスのリズムがリズムを呼んで、幸運が思っているよりも早くやってくるかもしれません。

過去の成功体験を思い出して口に出す

「今年も国家試験にパスできなかった」

「商談がうまくまとまらなかった」

このように成果が出せなかったとき、人は往々にして自信を失いがちになります。

「私はダメな人間だ。どうせ、この先もうまくいかないに決まっている。失敗するに決まっている」という気持ちが強くなります。

すると、心がますますマイナスに傾いてしまいます。

心がマイナスに傾けば傾くほど、不運の波動と共鳴し、ますます不幸な現象に見舞われるようになってしまいます。


そうならないためには、過去の成功体験を思い出すといいと思います。

小学生のころまでさかのぼってもかまいません。

何かにトライして成功し、他人からほめられたこと、あるいは感謝されたことを思い出すようにするのです。

習字がうまく書けて、教室に貼《は》り出された。

テストで一〇〇点満点をとって両親からほめられた。

財布を拾い、交番に届けたら、落とし主から感謝された。

作成した企画書がよくできていると上司からほめられた。

忘年会の幹事をしたら、いい店を見つけてくれたと社長から感謝された。

その際、「自分にもこんなにいいところがある」という言葉を口に出し、その余韻《よいん》に浸《ひた》ると、なおベターです。

そうすれば、自分の長所が自覚でき、自分に自信が持てるようになり、心もどんどんプラスに転じやすくなるでしょう。

まわりの一人ひとりへの感謝が流れを変える

不運に見舞われると、誰でも憂うつな気分になり、落ち込むものです。

将来のことを思いわずらい、漠然とした不安にかられるようになります。

この状態を放置しておくと、心はどんどんマイナスに傾いてしまいます。

これを防ぐためには、周囲の人の存在に感謝するのもいいでしょう。

四〇代のエリート男性は、身体をこわし、長期の入院を余儀なくされたことがありました。

「もう昇進はムリだな」と当初は嘆いていましたが、しばらくして心境に変化の兆《きざ》しが現れるようになりました。毎日のように、奥さんと娘さんがお見舞いに来てくれて、家族の温かさを身に染みて感じるようになったのです。

「今まで当たり前のように家内のつくる料理を食べていたが、考えてみたら、感謝の気持ちなど抱いたことがなかった」

そんな家族の存在・家族のありがたさを考えていたら、昇進が少々後れてしまったことなど、どうでもよくなってきたというのです。

そして、退院して間もなく、幸運期が到来しました。業界トップの会社から実績を認められ、好条件で引き抜きの話が来たのです。

よくよく考えてみると、私たちは自分を取り巻く多くの人たちによって生かされています。

その人達に助けられ、支えられていることに気づけば、感謝の気持ちが芽生え、プラスの感情に切り替わるようになります。

すると、心の中にもプラスの波動が充満し、不運が幸運に転じやすくなるのです。

一時間楽しめば、心は一時間プラスになる

不運な状況にあるとき、人はたえずそのことばかりに意識を向け、そのことばかり考えてしまいます。

「あのとき、あんなミスさえしなければ、同期トップで昇進しただろうに」

「別れた恋人のことが忘れられない」

といったようにです。

しかし、それでは四六時中、心がマイナスの要素でいっぱいになるため、マイナスの波動がマイナスを呼び、人生そのものがますますマイナスに傾いてしまいます。

この悪循環に歯止めをかけるためには、夢中になれることを行うといいでしょう。

夢中になれることを行えば、否《いや》が応《おう》でも意識はそちらに向くようになります。

心の中のマイナスの気が放出され、代わりにプラスの気が充満するようになります。

そのためには「おもしろそうだ」「やってみたい」と思ったものがあれば、トライしてみることをお勧めします。

ヨガやダンスを習ってみる。

ピアノやギターなど楽器を始めてみる。

小説やエッセイを書き始めてみる。

SNSやブログを始めてみる。

たとえばこのようなことを、**一時間夢中になって行えば、一時間心がプラスになります。**

二時間夢中になって行えば、二時間心がプラスになります。

そうやって意識的に心がプラスになる時間を増やしていけば、マイナスの思いが次第に薄れ、しまいには忘れられるようになるのです。

〝良い気〟を吸収しに出かける

気には〝悪い気〟と〝良い気〟があります。

悪い気は、人を怒らせたり、悲しませるなどして、心をマイナスにします。そして、人を不快にします。

良い気は、人を楽しませたり、喜ばせるなどして、心をプラスにします。そして、人を快適にします。

不運に見舞われると、人は往々にして悪い気を浴びがちです。

そういうときは、意識的に〝良い気〟を浴びることが大切です。

そのためには、快適な気分になれる場所に行って、快適な波動を吸収するのが一番です。

なかでもお勧めなのが、郊外の山や森林、高原といった自然のパワーを吸収できる場所です。

大自然が生み出すパワーは、私たちに新鮮な〝良い気〟を提供してくれます。

それを吸収すれば、気分がリフレッシュします。

気分がリフレッシュすれば、生命エネルギーが活性化し、ひいては心まで活性化するようになります。

心が活性化すれば、心の中にあるマイナスの気が放出され、代わりにプラスの気が心の中に充満するようになります。

すると、〝幸運波動〟とリンクするようになります。

それによって、幸運な人生が送れるようになるのです。

不運に見舞われ、気分がふさぎこんだときは、部屋の中に閉じこもっていないで、良い気を吸収しに出かけましょう。

❋〝根〟と〝花〟の法則⑥❋

- 心をプラスの状態に保てば、〝幸運波動〟と共鳴しやすくなる。
- 「不運を体験しているときこそ、幸運をためている」と知れば、心がプラスになる。
- 不快な出来事に見舞われたら、その中からメリットを探せば、心の状態がマイナスからプラスへと切り替わる。
- あえて都合よく解釈し「そのおかげで○○ができる」と考える。
- 自分を取り巻く多くの人、多くのものによって生かされていることに気づく。
- 「おもしろそうだ」と思ったことにトライすると、心がプラスに転じる。
- 大自然のパワーを吸収すれば、心が活性化し、幸運波動とリンクするようになる。

7章 〝たった一言〟から運気は上向く

〝幸運の波動〟とつながる習慣

お酒をたくさん飲み、タバコをたくさん吸い、野菜をとらずに肉食中心の食生活をし、運動もほとんどしない。こういう生活をしていて、ストレスがたまると、次のような症状に見舞われやすくなります。

「便秘や下痢がひどい」

「肩がこる。腰痛がつらい」

「身体が重くて仕方がない」

こういう人がお酒やタバコをやめ、食生活を正し、適度に運動するなど、よい習慣を身につけたらどうなるでしょうか。

ストレスがたまっても、そういった症状をはねのける力がアップします。

不運はある意味、ストレスに似ているところがあります。

誰にでも襲《おそ》いかかります。

このとき、悪い習慣を身につけている人は、なかなか抜け出すことができません。それどころか、状況がますます悪化する恐れがあります。

しかし、いい習慣を身につけている人は、心がプラスのエネルギーでいっぱいになるため、比較的早く抜け出すことができます。

いい習慣を身につけている人は〝幸運波動〟とリンクしやすくなるため、幸運期の到来が早まるようになるのです。

いい習慣を身につけるためには、次頁からご紹介するいろいろな方法を実践する必要があります。

「どうなりたいか」をイメージする

不運の状況下にあるとき、いい習慣をつけると幸運期の到来が早まります。

そのための第一歩として、願望をイメージする習慣をつけるといいと思います。


アメリカに古くから伝わる逸話を紹介しましょう。

ある青年が無実の罪で牢獄《ろうごく》に入れられたことがありました。

しかし、青年は落ち込むことなくすごしていました。

その理由を看守が尋ねると、青年は次のように答えました。

「私はいつか無実であることが立証されると信じている。私にはここを出たら、建築家になる夢があるからだ」

過酷な運命にあっても、願望をイメージすることで、心に希望の光を灯《とも》していたのです。

後年、青年の無実は立証され、出所後、建築家として大活躍するようになりました。

願望をイメージすると、人生に大きな張り合いが生まれるようになります。

人生に大きな張り合いが生まれれば、毎日が楽しくなります。未来に対して希望が持てるようになります。つまり、イキイキとしてきます。

不運に見舞われ、気分が滅入ったときは、**願望をイメージする習慣**をつけてみるといいと思います。そうすれば、滅入った気分がだんだんとポジティブなほうに転化していくようになります。

心の中の〝マイナスの気〟が放出され、代わりに〝プラスの気〟が生まれるようになります。

そうなればしめたもので、そのプラスの気が幸運期の到来を早めてくれるようになるでしょう。

ウソでもいいからプラスの言葉を口にする

不運な状態にあるとき、人の心は悲しみ・怒り・失望・絶望・落胆といった感情でいっぱいになります。

そして、それが次のように言葉となって現れます。

「おもしろくない。つまらない」

「いくらやってもいっこうに報われない」

「お先、真っ暗だ」

「どうせ、ダメに決まっている」

「いつまでこんなことを続ければいいんだろう」

しかし、こういうマイナスの言葉ばかり口にしていると、マイナスの波動によって、ますます不幸な現象に見舞われ、幸運期の到来が遅れるようになります。

これを防ぐには、マイナスの波動が生まれつづけるのをどこかで断ち切らなくてはなりません。

そのためには、初めのうちはウソでもいいから、日頃、口にしている言葉を変えることが大切です。

「毎日が楽しい」
「今日も元気だ」
「未来は明るい」
「できる。大丈夫。可能だ」

このようにプラスの言葉をできるだけ多く口にするようにするのです。自己暗示によって、それが心の奥底に浸透していくようになります。

考え方や行動も言葉と同化するようになります。

すると、心の中はだんだんとプラスの感情でいっぱいになり、〝幸運波動〟とリンクするようになります。

そうすれば、不運をいち早く幸運に転じることができるのです。

よく笑うくせをつける

不運のとき、いい習慣をつけると、〝花が咲く季節〟の到来が早まります。

そのためには、よく笑うくせをつけることが大切です。

終戦後、多くの日本兵がソ連軍に捕らえられ、シベリアの収容所に入れられ、奴隷のように強制労働させられたことがありました。

そのため、多くの兵が病気で死んだりしたのですが、ある学者の調査によると、いち早く帰還できた兵や病気にならなかった兵は、意識的に笑うようにしていたというのです。就寝前のわずかな時間に冗談を言い合ったりしていたらしいのです。

人は笑うと免疫力が高まることが、医学的にも明らかにされています。

また、笑うことによって血のめぐりがよくなり、新陳代謝も活性化します。副交感神経が優位になるので、交感神経とのスイッチが頻繁《ひんぱん》に切り替わるようになり、自律神経のバランスが整うようになります。

幸福な気分にさせてくれるエンドルフィンという脳内ホルモンが分泌されます。

笑うことには、身体が活性化し、心がプラスの感情でいっぱいになるという利点があるのです。

そのためには笑いを習慣として取り入れることが大切です。

お笑い芸人が出演するＴＶ番組を見るのもいいし、気のおけない友だちと冗談を言い合うのもいいでしょう。笑う頻度が増え、楽しい気分でいられる時間が長くなり、心がプラスの状態になります。

「笑う門には福来る」ということわざがあります。〝幸運波動〟は笑いを好むので、笑う人の元には幸運がいち早くやってくるようになるのです。

あなどれない「ありがとう」の力

以前、雑誌のインタビュー記事で、ある著名な作家が語っていました。

「世の中には、『不幸だ。不幸だ』と嘆き悲しむ人がたくさんいますが、本当に不幸な人はごくわずかで、『不幸だ。不幸だ』という人の大半は実は幸せなのです」

「不幸に見舞われると、人は身近に存在するありがたいことを忘れるようになります。しかし、身近に存在するものは、どれもありがたいことばかりです。だから、本当は不幸ではないのです」

電車やバスが正常に運行してくれるおかげで、私たちはいろいろな場所に出かけることができます。

二四時間営業しているコンビニのおかげで、私たちはいつでも、生活に必要なものを手に入れることができます。

世の中は「ありがたいこと」に満ちているのです。私たちはけっして不幸ではないのです。

「ありがとう」を口ぐせにし、一日に何十回も口にする。

これを習慣にすれば、ありがたいというリズムがリズムを呼んで、そのうち自他共に「本当にありがたい」と認めざるをえないような現象に遭遇するようになると思います。

五感が喜ぶ〝しくみ〟を作る

日常生活において、私たちがハッピーな気分になり、心がプラスになるのはどんなときでしょうか。

食事をして「美味《おい》しい」と思った瞬間。

絶景を目の当たりにした瞬間。

好きな曲を聴いた瞬間。

確実にいえるのは、そういう感情に浸れる時間をできるだけ多く作り出していけば、その人の心の中はハッピーな気分で満たされるようになるということです。

それが〝プラスの波動〟として、心の中にどんどんチャージされていけば、不運に見舞われ、失望や落胆の念にかられても、折れかかった心を癒やしてくれるようになります。

そのためには、**五感に喜びを与える習慣をつけるといいと思います。**

スイーツ好きなら、今まで行ったことのないエリアのお店をチェックして行ってみる。

海外旅行が好きな人は、好きな場所の風景写真を、部屋の壁などに貼っておく。

スマホに「マイ・ベスト曲集」を入れておいて、寝る前や朝起きたときに聴く。

こうした時間を意識的に増やしていけば、いつもなんとなく楽しくなります。

その感情が心の中に浸透していけば、一つの大きなプラスのエネルギーとなり、〝幸運波動〟と共鳴しあうようになります。

不運の状況下にあっても、比較的早く抜け出すことができるようになるのです。

いいことだけを日記に書く

不運を幸運に転じるためには、いいことだけを日記につける習慣がおすすめです。

ゼロからスタートして巨万の富を築きあげたアメリカの鉄鋼王アンドリュー・カーネギーは、これを日課にしていました。

没後、遺族が日記をめくると、次のようなことが記されていました。

「小鳥が卵を産んだ。わが家に家族が増えると思うと楽しみだ」
「夕飯に食べたオムライスがものすごく美味《おい》しかった」
「孫の風邪が治ってなによりだ」
「妻が手編みのマフラーを編んでくれた。ありがたい」

ドラマティックなことでも、大金が動く事件でも、政財界のＶＩＰが登場することでもなく、ごくふつうの人にも起こりうるような〝いいこと〟だけを書き記していたのです。

日記をつけている人も多いと思いますが、**不運に見舞われると、往々にしてマイナスのことを書きがちです。**

思い当たる人は、これからはいい出来事だけを書きましょう。

「今日は朝早く起き、散歩ができた」

「自分の案が会議で採用された」

「ランチで食べたパスタがものすごく美味しかった」

「友だちが観たかった映画のＤＶＤを貸してくれた」

こうしたことを毎日、書き記していけば、いいことだけが思い出として残り、読み返すたびにハッピーな気分になります。それによって、心もプラスの感情でいっぱいになります。

すると、幸運期の到来も早まるようになるのです。

"プラスの波動"をチャージする練習

不運に見舞われると、私たちはついつい苦虫をかみつぶしたような表情になります。

試しに、そういうとき、自分の顔を鏡に映し出してみるといいでしょう。

おそらく、たいていの人は仏頂面《ぶっちょうづら》をしている自分に気づくと思います。その顔こそが、その人の心なのです。

その顔で仕事をし、他人に接しているのです。これでは自分自身ばかりでなく、他人の心も暗くしてしまいます。

そうなると、幸運期の到来も遅れてしまいます。

そうならないためには、今日から鏡を見つめ、笑顔のレッスンをするといいでしょう。

いろいろな表情の笑顔を作り、「この笑顔が自然体かな」と思ったら、意識的にキープするようにするのです。

そうすれば、不思議なことにだんだんと不快な感情が消え、周囲の人も笑顔を返してくれるようになります。

それがクリアできたら、その笑顔のまま鏡に向かって、次のような言葉を唱えるといいでしょう。

「いちばんキツい時期は、どうやら乗り越えたかな。自分でいうのもなんだけど、よくがんばったと思う」

「大変なことが続いたけど、人に当り散らしたり、悪口をいわずにやってこれた。これからもこういうふうにやれればいい」

「あの二人が、忙しいなか手助けしてくれた。できることでお返しをしたいな」

これを毎日、数回行うことで、〝プラスの波動〟をチャージしていけば、心の中はプラスの感情でいっぱいになり、幸運期の到来もグンと早まるようになると思います。

人に〝喜び〟を与える習慣をつける

不運な状況にあるとき、人は自分のことで精一杯で、他人を気づかう余裕がありません。思いやりの気持ちもそんなに持てないでしょう。

しかし、そういうときにこそ、他人に笑顔で接したり、親切にするなどして、人に喜びを与えると、不運が幸運に切り替わる時期がものすごく早まるようになります。

理由は二つあります。

一つは、**人に喜びを与えるように努めれば、意識がそちらのほうに向かうようになるのです。「自分にはこういう悩みがある」「こういうことで苦しんでいる」ということをあまり考えなくなります。**

相手からの〝感謝の波動〟によって、心の中からマイナスの気が放出され、プラスの気で満たされるようになるのです。

もう一つは、〝宇宙銀行〟と関係しています。

私の持論ですが、この宇宙には徳を貯金する〝宇宙銀行〟が存在しています。

人に喜びを与えると、それは徳となって宇宙銀行に積み立てられていきます。

つまり、満期になると、預徳の量以上の恩恵が幸運な現象となってはね返ってくるしくみになっているのです。

これからは、些細なことでもいいので、人に喜びを与える習慣をつけてはいかがでしょう。

きれいごとっぽいとか気恥ずかしいと思う気持ちもわからなくはありませんが、**「一日、少なくとも一人の人に喜びを与えよう。それがクリアできたら、三人の人に喜びを与えよう」と、自分自身に宣言し、これを日課にするのです。**

やってみてしまえば、周囲からの反応が変わるので、気恥ずかしさはもう忘れてしまっているはずです。

そうすれば、幸運のほうが、駆け足で歩み寄ってくるようになるでしょう。

人に〝さりげなく尽くす〟を習慣にする

人に喜びを与えると、不運が幸運に切り替わる時期が早まるようになります。

人に尽くす習慣をつけることも有効です。

人に尽くし、人から感謝される存在になれば、「自分は世の中の人から必要とされている」という実感がこみ上げてきます。

「なすべきときに、なすべきことをしている」という充実感・満足感を味わうことができます。

しかも、それは一過性のものではありません。毎日続けていけば、「私は世の中の人から必要とされている」という実感を毎日味わうことができます。

「なすべきときに、なすべきことをしている」という充実感・満足感も、毎日実感することができます。

つまり、そういう人の心の中にはプラスの感情が充満するようになり、そのぶん、いち早く幸運期を招き寄せることができるようになるのです。


難しく考える必要はありません。

「あの人は困っている。こうしてあげたら、助かるだろうし、喜んでくれるかもしれない」と思えることを、さりげなく行えばいいのです。

こうしたことを習慣化してしまえば、〝宇宙銀行〟に徳がどんどん預金されるようになります。

同時に、その人の好感度もどんどんアップするようになります。

そうすると、めぐりめぐって、宇宙からたくさんの恩恵がもたらされるようになるのです。

〝根〟と〝花〟の法則⑦

●いい習慣を身につけると、〝幸運の波動〟とリンクしやすくなる。
●願望は心の中の〝マイナスの気〟を放出し、代わりに〝プラスの気〟を生み出してくれる。
●プラスの言葉を口にすると、心の中は〝プラスの波動〟で満たされる。
●笑うと心身ともに活性化し、プラスの波動で満たされる。
●いいことだけを日記に記せば、読み返すたびにハッピーな気分になる。
●笑顔を鏡に映し出せば、プラスの波動が鏡から反射され、自分にはね返ってくる。
●人に喜びを与えると、「自分は世の中の人から必要とされている」という実感、「なすべきときに、なすべきことをしている」という充実感・満足感が味わえる。

8章

〝プラスのスパイラル〞が生まれるヒント

〝花〟の美しさは根で決まる

歴史上の人物で「忍耐の人」といえば、多くの人は徳川家康を連想すると思います。

しかし、家康という人は不遇の時代をひたすら堪え忍んでいたわけではありません。天下統一という目標に向けて水面下で自分を磨いていたのです。

彼の場合、自分磨きのポイントは二つありました。

一つは、「戦乱の世を終わらせてみせる」という信念を育んでいたこと、もう一つは自分という人間を啓発していたことです。


誰にでも不運がある以上、その後、誰にでも必ず幸運期が到来します。

幸運期到来のとき、自分のエネルギーが存分に発揮できなければ、大きな飛躍・発展は望めません。

もちろん大きな成功をおさめることもできません。

しかし、不運な状況下にあるとき、信念を強め、自己成長に努めれば、自分という人間がどんどん磨かれていきます。

さらにスケールの大きな人間になります。

そのため、幸運期が来たときに大きく飛躍・発展することができます。

そして、大きな成功をおさめることもできます。

そして、これがもっとも重要なことですが、**不運に見舞われても、比較的短期間で、幸運に転じやすくなります。**

結論をいえば、不運の状況下における忍耐とは、何もしないで我慢することをいうのではありません。

幸運期到来の折に、いかんなく発揮するためのエネルギーを充電・強化しておくことをいうのです。

そのことを知れば、「失望」「落胆」の念が、「希望」「期待」へと転じるようになるでしょう。

「すぐ迷う、悩む」がなくなる〝ある力〟

不運と幸運は〝あざなえる縄《なわ》〟のようなものです。不運のあとには、必ず幸運がやってきます。

ただ、問題は不運という寒い冬をどうやって耐え、どうやって乗りきるかです。

そのことを知るカギは成功者の生き方にあります。

成功者も例外ではなく、幾多の不運に見舞われました。

そんな彼らが不運を乗り越え、幸運期に人生を大きく飛躍・発展させることができたのは、信念を抱いていたからにほかなりません。

自動車王と呼ばれたヘンリー・フォードは「何が何でも画期的なエンジンを開発してみせる」という信念を、発明王エジソンは「世の中の人の暮らしを便利にするために、たくさんの電気製品を発明してみせる」という信念を抱いていました。

では、信念があると、なぜ不運に耐えることができ、そのあとにやってくる幸運期の到来が早まるのでしょうか。

ブレない軸を心の中に持つことになるので、迷いがなくなるからです。

迷いがなくなれば、考えること、やるべきことが明確になります。

自分にとって何が必要で何が不要かも、シンプルに判断できるようになります。

心がマイナスになることで生じる時間とエネルギーの浪費もなくなります。

物事が思いどおりに進まなくても、粘り強く継続できるようになり、ポジティブに考え、ポジティブに行動できるようになります。

すると、ポジティブな波動が〝幸運波動〟とリンクするため、幸運期の到来も早まるようになるのです。

なぜ〝本を読む人〟は打たれ強いのか

信念があると、不運に耐えることができ、そのあとにやってくる幸運期の到来が早まるようになります。

その信念を強めるためには、信念に関係する本をたくさん読むといいでしょう。

昔、アメリカのある新聞記者が、成功の秘訣を聞き出すために、鉄鋼王と呼ばれたアンドリュー・カーネギーの家を訪ねたことがありました。

書斎の本棚を見て、思わず感心してしまいました。信念に関する本が戸棚にたくさん差し込まれていたからです。それを読むことで、カーネギーは信念を強め、心を磨いていたのです。

人間は弱いもので、不運に見舞われると、心がマイナスに傾いてしまい、「どうせ頑張ったってムダだろう」「やってもだめだろう」という〝ダメ意識〟が強まります。そうなると、信念も弱くなってしまいます。

しかし、信念を養う本・信念を強める本を読めば、ダメ意識が遠ざかり、代わりに「何が何でも」「必ず」「できることはやる」「マイペースでたんたんとやればいい」という意欲が湧いてきます。

それが信念の強化につながっていくのです。

ただ、本はやみくもに読めばいいというものではありません。

「この部分はためになる」「魂が躍動する」と思える箇所があったら、アンダーラインを引き、それを手帳などに書き写し、絶えず眺めるようにするのです。

また、短い文章ならば、暗記をして、心がへこみそうになったとき、唱えるのもいいでしょう。

そうすれば、不運が予定よりも早く退散し、幸運がそのぶん早くやってくるようになります。

〝名言〟がますます根を強くする

〝魔物〟の象徴ともいえる吸血鬼には苦手なものがたくさんあります。太陽光線、十字架、にんにく、精霊が宿るとされる樅《もみ》の木、聖書、銀の弾《たま》がこめられた銃などなどです。

では、不運が苦手とするものはなんでしょう。

それは、先人の残した名言・格言です。

いうまでもないことですが、不運に見舞われると、挫折したり失望したりして、心がへこみやすくなります。

時には人生に夢も希望も持てなくなることもあります。

なかには生きているのがイヤになってしまう人もいるでしょう。

すると、心の中に魔物がどんどん侵入し、心がますますマイナスに傾いてしまいます。

そうならないためには、心に響いた名言・格言を座右の銘に、魂を鼓舞《こぶ》させるといいと思います。

それらを紙に書いて自室の壁に貼っておき、落ち込んだとき、心がマイナスに傾きそうになったとき、口に出して唱えるようにするのです。

暗記し、呪文《じゅもん》のように唱えてもいいのです。

昔から、言葉には言霊《ことだま》といって魂が宿っているとされています。

したがって、それらを**繰り返し唱えていれば、その魂がプラスの暗示となって心の中にインプットされるようになります。**

すると、心の中の〝魔物〟は追い出され、プラスの気でいっぱいになります。

しかも、名言・格言は生きる指針にもなってくれます。

信念の強化にも大いに役立ちます。

つまり、口に出して唱えることには一石二鳥の効果があるのです。

自分に投資してスキルアップを図る

不運のあとには幸運がやってきます。これを早めるためには、自分磨《みが》きの一環《いっかん》として、スキルアップを図ることが大切です。

ブッダ（釈迦）にまつわる話を紹介しましょう。

あるとき、弟子の一人が「不遇なときに、私たちが肝《きも》に銘《めい》じなければならないことは何でしょうか」と質問したことがありました。ブッダは答えました。

あの料理店で働いている青年を見てごらん。

彼は見習い料理人だが、元々は漁師だった。しかし、漁に出たとき、足に大けがを負い、漁師の仕事ができなくなってしまった。でも、両手は自由がきく。だから、将来新しい仕事にありつけるよう、ああやって料理の修業をしているのだ。

その後、青年は貴族のお抱えの料理人として大活躍するようになったといいます。

私たちも同じで、不運な状況下にあるとき、来たるべき幸運期に備えてスキルアップを図ることが大切になってきます。

「もっとコミュニケーション力をつけよう。お客さんとの距離を縮められる雑談のネタをたくさん持てるように、ふだん見るニュースやSNSを見直そう」

「この仕事ではいずれ中国語が武器になる。今のうちに集中的に身につけておこう」

「残業が当たり前になっている。エクセルをマスターして、できるだけ効率的にやれるようにしておこう。効果が出れば、課長に提案してみんなの効率アップに役立つだろう」

このように、スキルアップすれば自分に自信が持てるようになり、心がプラスになります。すると、不運が幸運に転じやすくなり、幸運期が到来したとき、身につけたスキルは飛躍・発展のチャンスをつかむための大きな武器となるのです。

“うまくいっている人”からヒントをもらう

不運な状況下にあるとき、自分を磨くための方法として、人の話を聞くこともいいでしょう。

たとえば講演会があります。

講師である成功者や有名人の生の声を聞くことで、不運にいかに打ち勝つか、不運をいかに克服するか、幸運期がめぐってきたとき、どのようにしてチャンスをものにするかといった秘訣を聞けます。

もちろん、こうした秘訣は本でもテレビでも習得できます。しかし、本やテレビはその人が疑問に思ったことに、すぐには答えてくれません。

講演会では、質疑応答の時間に尋ねることができる場合があります。

それによって、疑問に思ったことが即座に解決できるという利点があるのです。

また、成功者や運のいい人から、〝プラスの波動〟〝幸運の波動〟を与えてもらえる利点もあります。それによって、聞いている人の心の中にある邪気・弱気といったマイナスの気を追い払ってくれる効果があるのです。


また、講演会に行かなくても、自分の身近に逆境を乗り越えた人がいたら、「どうやって乗り越えたか」「いかにして打ち勝ったか」といったことを尋ねてみるのもいいでしょう。

自分に欠けていた何かに気づくかもしれません。

思いがけないヒントがもらえることもあります。

プラスの波動・幸運の波動を与えてもらうこともできます。

それを参考に、自分という人間を啓発していけば、不運に打ち勝つ術が体得できると同時に、不運をいち早く幸運に転じることができるようになるでしょう。

「いいな」と思ったら、すぐやってみる

成功者や運のいい人の生の声を聞けば、不運にいかに打ち勝つか、幸運期がめぐってきたとき、どのようにしてチャンスをものにするかといった秘訣を聞くことができます。

そうして、次に「これは見習う必要がある」と思ったら、それを実際に真似てみることが大切です。

初代内閣総理大臣の伊藤博文は、若いとき、先輩の高杉晋作の下で長州の奇兵隊の一員として働いていました。

長州が幕府軍と戦い、窮地に追い込まれたときのことです。

奇兵隊の誰もが「もうダメだ。降参するしかない」と思っても、高杉はこういって

兵隊たちにゲキを飛ばしました。

「『ダメ』とか『できない』というな。乗り切るしかないのだ」

以来、伊藤博文もそれを真似るように心がけました。

後年、彼は総理大臣になり、清国やロシアと戦い、苦戦を強いられたときも「乗り切るしかない」と自分に言い聞かせたというのです。

現代人も、成功者や運のいい人の話を聞いて「いいな」と思ったら、それを真似るといいと思います。

「あの人のように、つらくても、愚痴をこぼすのはやめよう」

「あの人みたいに、つらいときこそ、思いやりの精神を持って他人に接していこう」

「ためになる本をたくさん読み、講演会を聞きにいこう」

そうすれば、「あの人」のように、心の中がプラスの感情でいっぱいになり、幸運体質へと移行します。人間としても大きく成長できます。

それによって、幸運の到来も早まるようになるのです。

協力してくれる人を一人でも多く作る

不運を幸運に転じやすくするためには、人脈づくりに精を出し、人との縁を育むことが大切です。その格好のエピソードとして、茶道家・千利休《せんのりきゅう》の話を紹介しましょう。

あるとき、諸大名といさかいばかり起こしている大名が利休の元を訪れたことがありました。利休はこんな質問をしました。

「この花瓶《かびん》に生けた花が暗い場所に置かれ、枯れそうになったとき、大切なことは何だと思いますか」

大名は「陽のあたる場所に置き、こまめに水をあげることです」と答えたので、利休は次のように返答しました。

「花瓶に生けた花を陽のあたる場所に置き、こまめに水をあげるのも人です。つまり、花が枯れないためには、太陽の光と水よりも、人のほうが重要です」

要するに、利休は**「他人といさかいばかり起こしていては、運は開けない。やるべきことをやって良好な人間関係を築き、応援・協力してくれる人を一人でも多く作ることをしなければ、運は開けない」**ということを説こうとしたのです。


不運のエネルギーが形となって現れているとき、水面下では幸運がエネルギーをためています。そして、不運のエネルギーが消滅すると、今度は幸運のエネルギーが形となって現れるようになります。


そのとき、形となって現れる最たるものが、応援・協力してくれる人なのです。

成功のチャンスというものは、自力以外に、応援者・協力者といった他力によってもたらされることが、人生にはしばしばあるのです。

幸運は人が運んできてくれるのです。

そのためには、人間関係をよくすることに精を出し、人との縁を育むことが大切です。そうすれば予定よりも早く〝幸運の花〟が咲くようになるでしょう。

耐え忍ぶよりも意味の大きな「がまん」とは

「芸は身を助ける」ということわざがあります。

一芸を身につけておくと、いざというとき生計を助けることもあるという意味ですが、次のようにも応用できると思います。

「一芸を身につけておくと、不運に見舞われても幸運に転じやすくなる」

その好例として、南アジアに古くから伝わる民話を紹介しましょう。


ある村に、ツキに見放されている男がいました。

貧乏で何をやってもうまくいかないのです。

そんな状況下にあっても、男は弓を得意としており、弓の稽古《けいこ》だけは続けていました。

あるとき、貴族の娘が山の中でトラに襲われそうになりました。男は、トラを目がけて弓矢を放ったところ一発で仕留《しと》めることができ、娘を助けることができました。娘の父親は大いに感謝し、奉公人として高給で雇《やと》うことにしました。男は貧乏でなくなり、幸せに暮らせるようになったのです。

忍耐とは、何もしないでひたすら耐えしのぶことをいうのではありません。幸運期が近づいてきたら、チャンスをいち早くつかむための下準備をしておくことをいいます。

そのためには「これだけは人に負けない」という得意なものや自分の特技に磨きをかけておくことが大切です。

そうすれば、それによって不運が幸運に転じやすくなると同時に、いち早くチャンスをものにできるようになるでしょう。

待つ時間を楽しくするコツ

以前、ある作家が雑誌のインタビューで次のようなことを述べていました。

「私はうなぎが大好物で、馴染《なじ》みのお店にうな重を食べに行くのですが、オーダーしてから出てくるまでに、三〇分、四〇分と待たされることがあります。でも、うな重が出てくるまでの時間が楽しいのです」

これは、ある意味、旅行前の心境にも似ています。

仕事がハードでも、「もうすぐハワイに行ける」と思うと、仕事自体が苦ではなくなります。

不運に見舞われたとき、じっとがまんすると考えず、幸運期が到来するまでの間、楽しい気持ちで過ごしたほうが得策であるということです。

「待つ」ことを「楽しみ」に置き換えてしまうのです。

運が悪いときも、運はなくなったわけではありません。

運は隠れているにすぎません。

不運のエネルギーがだんだんと弱まり、消滅すると、今度は幸運のエネルギーが形となって、必ず現れるようになります。

そのことを、人生の法則として認識すれば、不運に見舞われてもあまり悩むことはありません。むしろ、不運なときでも、「○○をしよう」「○○になりたい」といった夢・願望に意識が向かい、楽しむことができるからです。

そうなれば、はた目から見て大変そうに思えることでも、当人からすればそんなに大変には感じなくなり、気がついてみれば、いつの間にか逆境が順境に転じるようになるでしょう。

〝根〟と〝花〟の法則⑧

●名言・格言は心の中の魔物を払拭《ふっしょく》し、心の中を〝プラスの気〟でいっぱいにしてくれる。

●不運なときにスキルアップしておくと、幸運期が到来したときの大きな武器になる。

●成功者や運のいい人の話を聞けば、不運に打ち勝つ術が体得できると同時に、〝プラスの波動〟〝幸運の波動〟を与えてもらうこともできる。

●成功者や運のいい人を真似ると、心の中が〝プラスの波動〟で満たされるようになる。

●幸運は人が運んできてくれる。

●一芸を身につけておくと、幸運に早く転じやすくなる。

●幸運期が到来し〝花〟が開くまでの間、楽しい気持ちで過ごす。

9章 ✿ やがて大きな花が咲く

〝冬の終わり〟は意外なときにやってくる

寒い冬が終わりを告げると、ようやく春がやってきます。

そのことを実感するのはどんなときでしょう。

それはやはり満開になった桜の花を目にしたときではないでしょうか。

では、もうすぐ夏だなと思うのはどんなときでしょうか。

それはうっとうしい梅雨に入ったとき、スーパーなどにスイカが並んだときではないでしょうか。

日本の季節はめまぐるしく変化します。変わる節々において、「もうすぐ春ですよ」「もうじき夏ですよ」と合図を送ってくれます。

しかし、人生はそう簡単にはいきません。

不運が終わりを告げ、幸運に切り替わるとき、ウカウカしていると、せっかくの幸運期が到来したことがわからないまま無意味な人生を送ってしまうことになります。

また、幸運期が来たことがわかっても、ボーッとしていたら、それは通り過ぎて行ってしまい、飛躍・発展のチャンスを見過ごしてしまうことになります。

それを意識せずに、ただ不運の時期を耐え忍んでいるとしたら、これほどもったいないことはありません。

幸運期は確かに向こうからやってくるものには違いありませんが、それをつかみとるのは、その人自身なのです。

幸運は意外なときに意外な形でやってきます。

では、幸運期が来たかどうかは、どのように見極めればいいのでしょうか。

そして、幸運期が来たとき、それを確実につかみとるためには、どういったことを心がけたらいいのでしょうか。

次頁からそのことについて、述べていきたいと思います。

“プラスの気”の循環が始まるサイン

「連鎖《れんさ》の法則」という言葉があります。

わかりやすくいうと、悪いことがたて続けに起こることもあれば、いいことがたて続けに起こることもあるという意味です。

いい意味でいうと、車を運転しているとき、行く先々の信号が青で、目的地までスイスイ進めるときなどが、その典型です。

「駅のプラットホームに着いた瞬間、電車がやってきた。その電車に乗り込んだところ、いつもなら混んでいるのに、どういうわけか空《す》いていて席に座れた」というときもそうです。

プラスの現象がたて続けに起きたときは、特にそういう状態が一週間以上続いたと

きは、幸運期が到来した可能性があると考えていいでしょう。

それに加えて「ワクワクする」「心がときめく」というポジティブな感情が湧いてきたら、大いに喜んでいいでしょう。

間違いなく、不運期が終わりを告げ、幸運期が到来した証拠であるからです。

そういう感情は、心の中に宿った〝プラスの気〟の循環によってもたらされます。マイナスの気が消滅、もしくは放出されつつあるのです。

不運な時期が終焉《しゅうえん》を迎え、待ちに待った幸運エネルギーをいかんなく発揮する季節がやってきたのです。

そういうときに積極的に行動を起こせば、人生を大きく飛躍させたり、成功をおさめることが可能になります。そして、自分が望んだとおりの人生が歩めるようになるのです。

小さくても、とにかくアクションを起こす

飛行機でエコノミーに座る場合、空港でチェックインをするさい、次のように尋ねてみる人はどのくらいいるでしょう。

「バルクヘッド席は空《あ》いていますか。もし、空いているようなら、そこに座らせてもらえますか?」

運がよければ座らせてもらうことができます。

ご存じのように、エコノミークラスのシートはサイズが小さくて窮屈《きゅうくつ》です。

前方の座席との間のスペースも狭いため、足を伸ばすことができません。

そのため、長時間のフライトとなると、疲れてしまいます。

しかし、バルクヘッド席(前が壁になっている席)の前方には席がありません。

ですから、足を思い切り伸ばすことができ、長時間のフライトでも、疲れにくいのです（ただし、緊急時には誘導を手伝わされる場合があります）。

幸運期が到来したとき、ボーッとしていても、幸運は舞い込んではきません。チャンスをつかむことはできません。

大切なのは、この場合でいえば、「バルクヘッド席は空いていますか」と尋ねることです。

もし運がよければ席を替えてもらえて、快適な空の旅を楽しむことができます。

ほんの小さな行動でも、とにかくアクションを起こすことが、幸運の扉をあけることにつながっていくのです。

「卵を割らなければオムレツは作れない」ということわざがフランスにあります。

不運が幸運に切り替わった瞬間、その人の手元には、神様から贈られてきた一個の幸運の卵があります。

その卵の殻《から》を活用できるかどうかは、その人の行動次第なのです。

今まで行かなかったところに顔を出す

不運のあとには幸運がやってくることになっています。

その幸運の扉をあけるためには、アクションを起こすことが大切になります。

いろいろな所に顔を出して、いろいろな人に会えば、願ってもない情報を入手できたりします。

仕事に役立つヒントが得られる可能性もあります。

素晴らしいアイディアが湧いてくるかもしれません。

応援・協力してくれる人と知り合えたりもします。

つまり、それが願望の達成や成功の呼び水になってくれることもあるのです。

昆虫を専門に撮影している写真家の男性は、自分の個展を開くことを以前から望んでいました。

しかし、手持ちの資金が足りません。

そんなあるとき、男性は昆虫マニアが集まるサークルに入会することにしました。

すると、彼が撮った写真に感動した資産家の人と親しくなることができました。

その人のお膳立《ぜんだ》てで、わずかな資金で個展を開くことができ、その個展がテレビでも取り上げられ、とうとう写真集まで出すことに成功したのです。


幸運は誰にでもやってきます。

しかし、そのなかに潜んでいる願望達成や成功のチャンスというものは、自分からしかけていかなければ、つかむことはできません。

そのためには、**「幸運期が到来したな」と思ったら、いろいろな場所に顔を出し、いろいろな人と知り合うことが大切になります。**

そうすれば意外な形で道が開けるようになるでしょう。

ヒラメキに素直に従う

「急に、故郷にいる高校時代の同級生と会いたくなった」

こうしたヒラメキは誰にでも湧き起こるものですが、往々にして見過ごしてしまいがちです。

しかし、うまくいっているときに、そうしたヒラメキが湧き起こったら、素直に従うといいでしょう。

運気が不運から幸運に切り替わるとき、神様は「不運の時期が終わりを告げ、これから幸運期に入りますよ」と合図を送ってくれることがあります。

その最たるものがヒラメキやカンである場合が多いのです。

フリーで編集の仕事をしている女性は、あるとき急に京都に一人旅がしたくなり、京都に行きました。

すると、現地で同じく一人旅の女性と知り合い、親しくなりました。

実は、その女性も大手出版社に勤める編集者でした。

それが縁で意気投合し、旅から戻ってきたあともつき合うようになり、程なくして、その出版社から編集の仕事までもらえるようになったのです。

ヒラメキは「もうすぐ運気が切り替わりますよ」「不運が終わりを告げ、幸運期に入りましたよ」という合図です。

何かひらめいたら、特に「どうしても」という強い欲求が伴うようであればなおさらのこと、迷うことなく、行動に移すといいでしょう。

思いがけない恩恵にあずかることができ、運気の切り替わった自分が実感できるようになるはずです。

新しいことに挑戦する

幸運期が到来したと思ったら、新しいことに積極的に挑戦してみるといいと思います。

なぜかというと、これは心理学でいうところの「ビギナーズ・ラック」と「プラスの初頭効果」が関係しています。

ビギナーズ・ラックとは、人が初めてのことに挑戦すると、予想以上にうまくいくことをいいます。

プラスの初頭効果とは、最初の印象がいいと、あとあとまですべてがよく思えてくる人間特有の心理作用のことをいいます。

レストランに行き、スタッフの接客態度に好感が持てると、出てくる料理もどれも美味しく思えてくる……という感情がこれに当てはまります。

幸運期が到来したとき、新しいことに挑戦すると、この「ビギナーズ・ラック」と「プラスの初頭効果」が働く可能性が大きくなります。

ヨガスタジオに通いはじめたら、「バランスがすごくいい」と、インストラクターからほめられ、自信がついた（ビギナーズ・ラック）。

そうしたこともあって、インストラクターとレッスンの前後に話をするようになり（プラスの初頭効果）、友だちとしてつき合うようになり、一緒に海外旅行に行くことができた……という人もいました。

カルチャースクールに通ったり、やったことのないスポーツをはじめてみるなど、興味を持ったことにはどんどんチャレンジしてみるといいでしょう。意外な形で運が開けるようになるかもしれません。

人づき合いの変化に敏感になる

幸運期が到来すると、いろいろな人と知り合う機会が増えると同時に、いろいろな人がその人の元に寄ってきます。

それは、普通のサラリーマンかもしれません。

フリーランスのデザイナーやカメラマンかもしれません。

企業経営者かもしれません。

車のセールスマンかもしれません。

日本に留学に来た外国人かもしれません。

このとき大切なのは「この人は自分とは関係のない業種だから」と決めつけないことです。

むしろ、人づき合いの変化に敏感になり、その人たちとの交流を深めるといいと思います。

自分とは職種・業種が異なる人であっても、その人が大きな幸運を運んできてくれることが、人生にはしばしばあるからです。

たとえば、知り合いの結婚式で会った相手が車のセールスマンで、トップセールスマンとしての実績を何年も誇っているとしたら、その成功の秘密を聞くことができます。

嫌な人でない限り、出会う人を拒まないことです。

「出会う人、仲よくなる人の数だけ幸運がやってくる。チャンスが増える」と自分に向けて、言い聞かせることが大切です。

悪縁を断ち切るヒント

幸運期が到来すると、やることなすことがうまくいくようになります。

そのとき、思い切って、今まで自分を縛りつけていた悪縁を絶ち切るといいと思います。

これからの人生の、マイナスの要因となるマイナスの種子を摘《つ》み取ってしまうのです。

それは、ギャンブル仲間やグチを言い合う酒飲み仲間との関係を考え直したり、一歩距離を置いてつき合うことかもしれません。

不幸なときに過ごしたアパートを出て、別の場所に引っ越すことかもしれません。

実績を正当に認めてくれない会社を辞め、転職することかもしれません。

鎌倉に幕府を開いた源頼朝の話があります。

彼は少年時代、平家に捕らわれ、二〇年間伊豆で流人《るにん》生活を送っていました。

そんな頼朝でしたが、打倒平家の旗を掲《かか》げ、平家を討《う》ち滅ぼす決意をしたあと、ある僧侶の助言で**流人時代の生活用品の多くを処分した**といいます。

また、鎌倉に拠点を移してからは、伊豆には二度と行くことがなかったというのです。


ただし、マイナスの種子を忌《い》み嫌えばいいというものではありません。

「今まで、私とつき合っていただき、ありがとうございました」

「今までこのアパートに住まわせていただき、ありがとうございました」

といったように、感謝の言葉を捧《ささ》げることが大切です。

幸運のエネルギーは、愛や善意や感謝といった要素で成り立っています。

したがって、それと同化する言葉を用いると、悪い因縁《いんねん》が絶ち切れると同時に、今度は良い因縁が生まれるようになるのです。

幸運の〝おすそ分け〟をする

幸運期を迎え、やることなすことがうまくいくようになったら、幸運のおすそ分けをするといいと思います。

たとえば次のようなことです。

旅行に行ったら、職場の仲間や友だちにおみやげを買ってきてあげる。

美味しいレストランを見つけたら、友だちにも教えてあげる。

病気やけがで休んだり入院した人がいたら、何かできることはないかと声をかける。

要するに、福を分ける「分福《ぶんぷく》」を心がけるようにするのです。

これは幸運のエネルギーの減少防止が関係しています。

不運のエネルギーが形となって現れているとき、運気は水面下に潜んで幸運のエネルギーをためています。

それと同じように、幸運のエネルギーが形となって現れているとき、実は水面下で不運のエネルギーもたまるようになります。

つまり、分福は、その幸運のエネルギーの減少防止と不運のエネルギーの増大防止に一役も二役も買ってくれるというわけです。

ただその際、そのことをあまり意識しないほうがいいかもしれません。

相手の幸せだけを願い、「この人が少しでもハッピーになってくれれば……」という気持ちで分福を心がけましょう。

その数が多ければ多いほど、幸運のエネルギーはキープできるようになります。

不運のエネルギーも、ほとんどたまらなくなります。

それによって、幸運期が長くつづくようになり、楽しみと喜びに包まれた日々が送れるようになるのです。

うまくいってるときほど〝地金〟が出る

ある小説家は、子どものころ、学校の先生からこう言われたといいます。

「大人になったら木下藤吉郎のような人間になりなさい。豊臣秀吉のような人間になってはいけません」

その理由を尋ねると、先生は次のように説明してくれたのです。

木下藤吉郎は若いころの名前、豊臣秀吉は後年になってから名乗った名前で、同一人物であることには変わりない。

しかし、同じ人間でも、木下藤吉郎と呼ばれていたころは「信長様や皆さんのおかげで出世できました」というように、人への感謝を忘れない謙虚な人間だったのです。

しかし、天下人として豊臣秀吉と名乗るようになってからは、天狗《てんぐ》になり、傲慢《ごうまん》で横暴な人間になってしまった。

そのため、水面下で不運のエネルギーをたくさんためため、死後、豊臣家は瞬《またた》く間に徳川家康によって滅ぼされてしまった。


繰り返しになりますが、不運のエネルギーが形となって現れているとき、水面下では幸運のエネルギーが蓄積されています。同じように、幸運のエネルギーが形となって現れているとき、実は水面下で不運のエネルギーも蓄積されるようになります。

このとき、秀吉のように天狗になり、傲慢で横暴になると、不運のエネルギーはどんどんたまっていきます。

しかし、人格を磨き、悪い態度を慎《つつし》めば、幸運のエネルギーを消耗《しょうもう》することもありません。

ましてや、謙虚な精神があれば、幸運のエネルギーは温存されたままとなります。

つまり、そういう人は「不運」にあう心配もなくなり、生涯、幸福な人生が送れるようになるのです。

いつも平常心で咲きつづける

不運のあとに幸運がやってくると、やることなすことがうまくいくようになります。願望が叶い、飛躍・発展のチャンスがつかめるようになります。

しかし、このとき、その人の幸せを妬《ねた》むあまり、心ない誹謗中傷《ひぼうちゅうしょう》や悪口を言われることがあります。

「彼が課長に昇進できたのは、実力じゃない。部長にゴマすったからでしょ」

「彼女はきっと彼をだまして、玉の輿《こし》に乗ったに違いない」

そういった噂《うわさ》が耳に入ったとき、思わず取り乱し、相手をやり込めてやろうと考える人も多いと思いますが、そういうときこそ、心を平常に保つべきです。

心が乱れると、幸運のエネルギーが減少し、代わりに不運のエネルギーが生まれるようになるからです。

それを防ぐためには、**誹謗中傷や悪口を言う人の挑発にのらないことです。**

いっさい反撃せず、次のように考えるといいでしょう。


「誹謗中傷や悪口を言えば言うほど、言った人の心の中には不運のエネルギーがたまるようになり、どんどん運が悪くなる。

その反動で、言われた側の心の中には、幸運のエネルギーがたまるようになる。

だから、言われれば言われるほど自分の運はどんどんよくなると考えることにしよう」


このように言い聞かせれば、心が乱れることもありません。

いつも平常心でいられます。

心をプラスの状態にキープできます。

その結果、ずっと幸運でいられるようになるのです。

"根"と"花"の法則⑨

●小さくても、アクションを起こすことが、幸運の扉をあけることになる。

●願望達成や成功のチャンスは、自分からしかけてこそ、つかむことができる。

●ヒラメキは不運が終わりを告げ幸運期に入ったサイン。

●新しいことに挑戦すると、「ビギナーズ・ラック」と「プラスの初頭効果」が働く。

●出会う人、仲よくなる人の数だけ幸運がやってくる。

●これからの人生のマイナスの要因となる種子を摘《つ》み取ってしまう。

●分福は幸運エネルギーの減少防止と不運のエネルギーの増大防止に役立つ。

おわりに

〝不運な時期〟を乗り越え、〝幸運な時期〟を手元に引き寄せる習慣についてお話ししてきました。ぜひ参考にして頂ければ幸いです。

この本のタイトル（題名）は、『人生1級免許塾』（後藤清一著、昭和六〇年に明日香出版社より刊行）の本文（「83」）にあった言葉です。

私自身、この言葉に大変に感銘を受けました。

今回、青春出版社 編集部よりタイトルの提案を頂き、明日香出版社と後藤清一先生のご遺族からご快諾を賜り、タイトルとさせて頂きました。

本当にありがとうございました。

植西 聰

青春新書 PLAYBOOKS

人生を自由自在に活動《プレイ》する

人生の活動源として

いま要求される新しい気運は、最も現実的な生々しい時代に吐息する大衆の活力と活動源である。

文明はすべてを合理化し、自主的精神はますます衰退に瀕し、自由は奪われようとしている今日、プレイブックスに課せられた役割と必要は広く新鮮な願いとなろう。

いわゆる知識人にもとめる書物は数多く窺うまでもない。

本刊行は、在来の観念類型を打破し、謂わば現代生活の機能に即する潤滑油として、逞しい生命を吹込もうとするものである。

われわれの現状は、埃りと騒音に紛れ、雑踏に苛まれ、あくせく追われる仕事に、日々の不安は健全な精神生活を妨げる圧迫感となり、まさに現実はストレス症状を呈している。

プレイブックスは、それらすべてのうっ積を吹きとばし、自由闊達な活動力を培養し、勇気と自信を生みだす最も楽しいシリーズたらんことを、われわれは鋭意貫かんとするものである。

—創始者のことば— 小澤和一

著者紹介
植西 聰〈うえにし あきら〉

東京都出身。著述家。学習院高等科・同大学卒業後、大手企業に勤務。独立後、人生論の研究に従事。独自の『成心学』理論を確立し、人々を明るく元気づける著述を開始。95年、「産業カウンセラー」（労働大臣認定資格）を取得。
著書に67万部のベストセラー『折れない心をつくる たった1つの習慣』、『自己肯定感を育てる たった1つの習慣』（いずれも青春新書プレイブックス）、『毎日をいい日にする！「感謝」のコツ』（PHPエディターズ・グループ）などがある。

何《なに》も咲《さ》かない冬《ふゆ》の日《ひ》は
下《した》へ下《した》へと根《ね》を降《お》ろせ
やがて大《おお》きな花《はな》が咲《さ》く

青春新書 PLAYBOOKS

2019年11月25日 第1刷

著者 植《うえ》西《にし》 聰《あきら》

発行者 小澤源太郎

責任編集 株式会社プライム涌光

電話 編集部 03(3203)2850

発行所 東京都新宿区若松町12番1号 〒162-0056 株式会社青春出版社

電話 営業部 03(3207)1916 振替番号 00190-7-98602

印刷・図書印刷 製本・フォーネット社

ISBN978-4-413-21152-9

青春新書 PLAYBOOKS

人生を自由自在に活動する——プレイブックス

いまを乗り越える
哲学のすごい言葉

晴山陽一

悩む、考える、行動する——
大事なことは
哲学者たちが教えてくれる

P-1144

気にしすぎる自分が
ラクになる本

長沼睦雄

もう「マイナスの感情」に振りまわされない！　精神科医が教える「クヨクヨ」とうまくつきあう方法

P-1145

1日5分！
血管ケアだけで20歳若返る！

池谷敏郎

何歳からでも効果が期待でき、すべての病気の予防に通じる「血管若返りのための生活習慣」を〝血管先生〟が提案する決定版！

P-1146

できるゴルファーは
「シャフトのしなり」を武器にする！

小池春彦

たった10分で飛距離が一変する!!
力に頼らない！ ケガをしない！
いま注目のゴルフ上達法。

P-1147

お願い　ページわりの関係からここでは一部の既刊本しか掲載してありません。
折り込みの出版案内もご参考にご覧ください。